당신이
남아공에
꼭 가야만 하는 이유

당신이 남아공에 꼭 가야만 하는 이유

발행일   2016년 06월 27일

지은이   최 상 혁
펴낸이   손 형 국
펴낸곳   (주)북랩
편집인   선일영   편집   김향인, 권유선, 김예지, 김송이
디자인   이현수, 신혜림, 윤미리내, 임혜수   제작   박기성, 황동현, 구성우
마케팅   김회란, 박진관, 김아름
출판등록   2004. 12. 1(제2012-000051호)
주소   서울시 금천구 가산디지털 1로 168, 우림라이온스밸리 B동 B113, 114호
홈페이지   www.book.co.kr
전화번호   (02)2026-5777   팩스   (02)2026-5747

ISBN   979-11-5987-077-4 03930(종이책)   979-11-5987-078-1 05930(전자책)

이 도서의 국립중앙도서관 출판예정도서목록(CIP)은 서지정보유통지원시스템 홈페이지(http://seoji.nl.go.kr)와
국가자료공동목록시스템(http://www.nl.go.kr/kolisnet)에서 이용하실 수 있습니다.
(CIP제어번호: CIP2016014914)

성공한 사람들은 예외없이 기개가 남다르다고 합니다.
어려움에도 꺾이지 않았던 당신의 의기를 책에 담아보지 않으시렵니까?
책으로 펴내고 싶은 원고를 메일(book@book.co.kr)로 보내주세요.
성공출판의 파트너 북랩이 함께하겠습니다.

아프리카 대륙의 최남단 희망봉에서 두 팔 벌려 자유를 만끽하고 싶다면
지 금 남 아 공 으 로 떠 나 라!

당신이 남아공에 꼭 가야만 하는 이유

최상혁 지음

프롤로그

남아공 요하네스버그로 파견을 떠났다.

남아공에 가기 전 인터넷을 통해 얻은 정보는 '범죄의 나라', '치안 불안' 등 부정적인 것이 대부분이었다.

궁금한 마음에 남아공 관련 책자를 찾아보았지만, 그 수가 많지 않아 정보를 얻기가 여의치 않았다. 결국 남아공에 대한 충분한 정보 없이 무작정 남아공 생활을 시작했다.

정착 초기 안전을 고려해 외부 활동을 자제하며 조용히 살았다. 그러다가 문득 이런 생각이 들었다. '먼 나라 남아공까지 와서 아무것도 보지 않고 간다면 평생 후회하겠지?'

그래서 마음을 바꿔 여행을 다니기 시작했다. 처음엔 겁이 났지만, 여행 횟수가 늘어날수록 불안함보다는 기대감이 앞섰다.

그렇게 15개월 동안 짬이 날 때마다 남아공 전국을 누볐다. 여러 지역을 다니다 보니 자연스레 다양한 계층의 현지인들을 만나 그들의 삶에 대해 이해하게 되었다.

남아공의 서쪽 해안에서 시작하여 동쪽 해안까지 이르는 대장정이 마무리될 즈음 한 가지 목표가 생겼다.

'남아공에 대해 제대로 알려야겠다. 이렇게 멋진 곳에 많이 이들이 찾아올 수 있게 하자!'

　그래서 필자가 가진 재능(그림 그리고, 글 쓰고, 사진 찍는 것)을 통해 한 권의 책으로 정리했다.

　지금까지 20여 개국의 나라를 여행한 필자에게도 남아공은 '특별한 나라'였다. 유럽과 아프리카 문화가 어우러진 세상 어디에도 없는 독특함을 지닌 나라.

　다른 대륙에서 볼 수 없는 동식물(사자, 표범, 코뿔소, 버펄로, 코끼리, 상어, 고래, 펭귄, 바오밥 나무 등)을 직접 볼 수 있는 대자연 그 자체인 나라.

　아파르트헤이트라는 인종 분리정책을 딛고 다양한 인종이 조화를 이루며 살아가고자 노력하는 '무지개빛 나라'.

　15개월의 체류 기간은 나로 하여금 눈앞에 드리워졌던 '범죄'와 '치안 불안'이라는 장막을 걷어내고 남아공의 참모습을 볼 수 있게 하였다.

　남아공은 비행 시간만 18시간이 걸리는 먼 나라다. 그렇지만 필자가 보고 느끼고 체험한 다양한 '거리'를 독자들도 직접 경험할 수 있기에, 남아공으로 향하는 길은 기나긴 여정이기보다 설렘의 시간이 될 것이다.

차례

1장 남아공 최고의 관광 명소
케이프타운 그리고 와인 루트

2장 용이 사는 산맥
'드라켄즈버그'에 가다

5장 태고의 생명력을 잉태한
블라이드 리버 캐니언과 주변 관광지

6장 때 묻지 않은 아름다움의 극치
와일드코스트

추천사

싹(SSAC) 여행연구소 출신이 여행책을 내고 작가가 된다는 사실이 무척 반갑고 기쁩니다. 누구나 평등할 권리가 있고 평등한 기회를 얻어야 한다는 사실을 서서히 알아가고 있는 남아공처럼 꾸준히 준비하고 노력하면 누구나 여행작가가 될 수 있다는 사실을 다시 한 번 확인시켜준 아주 고마운 책입니다.
지금은 세상을 떠난 넬슨 만델라 전 대통령이 남아공을 평등과 자유에 성큼 다가서게 했다고는 하지만, 여전히 과도기를 겪고 있는 남아공의 이야기를 통해 이 책과 함께 당신 인생의 과도기도 멋지게 헤쳐나갈 수 있기를 응원합니다!

여행작가_손미나

작년 2월, 션과 함께 진행하고 있는 팟캐스트 '기부스'에 출연했던 저와 닮은 외모의 작가를 기억합니다. 당시 남아공 여정을 마치고 돌아와 책을 내겠다고 당찬 포부를 밝히더군요. 그리고 1년의 시간이 흘러 다시 출연한 그는 실제로 완성된 원고를 저에게 보여줬습니다. 글과 그림 그리고 사진이 어우러진 여행기는 지금까지 봐왔던 여행기와 다른 '독특함'이 장점입니다. 여정의 희로애락이 고스란히 담긴 『당남꼭』! 무엇보다 자신이 뱉은 말은 지키는 사람의 글이라 꼭 읽어보라고 말하고 싶네요.

컬투_정찬우

왜 남아공인지, 왜 꼭 남아공에 가야만 하는지 작가에게 스무 번도 넘게 물어봤습니다. 그런데 남아공에 가야 하는 이유는 들을 때마다 달랐고, 들을 때마다 흥미진진했습니다. 그래서 전 남아공에 한번쯤 가봐도 괜찮겠다 생각했습니다. 그런데 글과 그림으로 표현된 작가의 『당남꼭』을 본 순간 남아공에 꼭 가고 싶은 이유가 생겨 버렸습니다. 이 책에는 그 이유가 충분히 녹아있습니다.

컬투의 베란다쇼, SNL 코리아 시즌 2, 박철의 두시탈출, 김창렬의 올드스쿨 **작가_이재국**

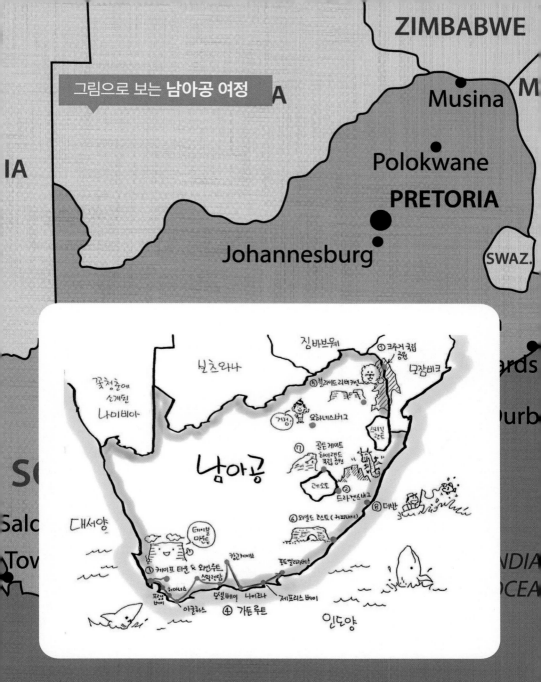

그림으로 보는 **남아공 여정**

위 지도는 남아공의 주요 관광 명소를 표시한 지도로 이 책에 소개된 여덟 곳을 보기 쉽게 정리하였다.
지도상의 숫자는 책의 장(챕터)과 일치한다.

PART 1

남아공
최고의 관광 명소
케이프타운
그리고 와인 루트

케이프타운(Cape Town)은 남아공의 입법 수도임과 동시에 최대의 관광 도시다. 또한 이 도시는 역사적으로도 남아공 백인의 역사가 시작된 곳이기도 하다. 1652년 4월 6일 네덜란드 동인도 회사 소속의 얀 반 리베크가 인도항로의 중간 기점으로 정착한 이후 설립된 케이프타운. 지금은 와인 루트, 가든 루트와 같은 여정의 기점으로 전 세계 여행자들의 사랑을 받고 있다. 남아공의 특산품인 다이아몬드처럼 탁월한 아름다움을 지닌 도시 케이프타운과 그 주변의 명소들을 살펴보기로 하자.

케이프타운의 랜드마크
테이블 마운틴에 오르다

케이프타운 주변 여행을 위해 아침 비행기로 케이프타운에 도착했다. 공항에서 렌터카를 빌려 숙소인 52 드 벳 럭셔리 부티크 호텔(52 De Wet Luxury Boutique Hotel, 이하 52 드 벳)로 향했다.

이번 여정의 첫 번째 숙소인 52 드 벳은 케이프타운의 부자 동네 중 하나인 벤틀리 베이(Bantry Bay)에 위치해 있었다.

체크인을 하고 숙소의 테라스로 나가자 대서양이 한눈에 들어왔다. 테라스 난간에 기대어 한동안 풍경을 감상하고 기분 좋게 이날 여정을 시작했다.

여행의 첫 목적지는 케이프타운의 랜드마크인 테이블 마운틴. 때마침 날씨가 맑아 케이블카가 운행하는 걸 확인하고 그곳으로 향했다.

참고로 테이블 마운틴에 오르는 케이블카는 날씨가 흐리거나 바람이 불면 운행을 하지 않는다. 그래서 이용하기 전에 인터넷이나 전화를 걸어 운행 여부를 확인해야 한다.(www.tablemountain.net / 27-21-424-8181)

테이블 마운틴 정상(1,086m)에 오르는 방법은 두 가지가 있다. 첫째, 케이블카를 타고 올라가는 방법. 둘째, 하이킹 코스를 따라 올라가는 방법(코스에 따라 2~6시간 소요)이다.

단 앞서 이야기한 대로 악천후에는 안전을 위해 접근 자체가 통제된

다. 관광객 중 운이 없는 분들은 여정 중 날씨가 좋지 않아 테이블 마
운틴에 결국 오르지 못한다.

Hiddingh - Ascension 하이킹 코스

　난 운 좋게도 케이프타운 도착 첫날, 케이블카를 이용해 정상에 오
를 수 있었다. 케이블카는 빠른 속도로 산등성에 스치듯 목적지를 향
해 올라갔다.

케이블카는 수직으로 상승하듯 테이블 마운틴 정상으로 향한다.

케이블카 안에서 바라본 라이언 헤드. 사진 오른쪽 중간에 어렴풋이 보이는 섬이 넬슨 만델라가 17년간 수감되었던 로벤 섬이다.

케이블카 창밖으로 라이언 헤드(Lion's Head, 669m)와 시그널 힐(Signal Hill, 350m)이 고즈넉이 자리하고 있었다.

테이블 마운틴 정상에 올라 케이프타운을 내려다보았다. 1,000m 높이의 전망대에서 바라보는 광경은 마치 소인국을 내려다보는 것과 같았다. '신이 인간계를 바라보는 느낌이 이런 것이겠구나.'라는 생각이 들었다. 그러던 찰라 엄청난 크기의 구름이 산 정상을 넘기 시작했고 순식간에 정상을 뒤덮었다.

맑았던 테이블 마운틴 산 정상이
서서히 구름에 뒤덮이고 있다.

방금까지 눈앞에 펼쳐졌던 대서양의 모습은 보이지 않고 한 치 앞도 가늠할 수 없는 상황이 되었다. 이런 모습을 현지인들은 "테이블에 테이블보가 씌워졌다."라고 표현했다. 그렇다면 난 테이블보 밑에 있는 개미신세랄까….

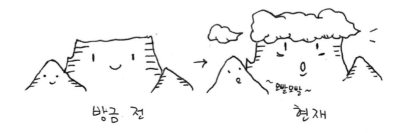

방금 전 → 현재

그래도 볼 건 봐야 하기에 산 정상의 트래킹 코스를 걷기 시작했다. 좀 섬뜩한 이야기지만, 만약 사후 세계가 있다면 이런 분위기일 것 같다는 생각이 들었다(공포 게임의 레전드로 꼽히는 '사일런트 힐(Silent Hill)'의 배경과 비슷했다).

이건 사일런트 힐의 한 장면인데…

음산한 분위기였지만 산책로를 따라 계속 걸어갔다. 산책로 중간중간에는 테이블 마운틴에 대한 다양한 정보(나이 2.6억 년, 주요 구성 암석은 사암, 이곳에 얽힌 전설 등)를 소개하여 산책의 재미를 더했다.

산 정상의 서쪽(케이블카 역)에서 출발하여 20여 분쯤 걸어가니 동쪽 끝부분에 위치한 산의 최고점인 맥클리어스 비컨(Maclear's Beacon, 1,086m)에 도착할 수 있었다. 카메라의 타이머 기능을 활용해 기념사진을 찍고 출발점으로 향했다.

참으로 신기했던 건 방금까지 낭떠러지로 보이던 곳이 구름으로 뒤덮여 아래를 볼 수 없게 되자 왠지 바로 아래 땅이 있을 것 같은 착각을 불러일으켰다. 보이는 게 전부가 아님을 테이블 마운틴 정상에서 새삼 느낄 수 있었다.

산책을 마치고 케이블카를 타기 위해 역 쪽으로 향했다. 역 앞에는 하이랙스(Hyrax, 아프리카 바위너구리) 한 마리가 사람이 와도 도망가지 않고 '으르렁'대고 있었다.

하이랙스는 남아공 여정 중 여러 차례 마주쳤는데 오늘처럼 도망가

지 않고 성질을 부리는 건 처음이었다.

화가 난 모습은 오히려 더 귀여워 주변에 앉아 한참 동안 녀석을 관찰했다. 하산 행 케이블카가 운행 시간이 돼서야 녀석에게 작별을 고했다.

케이블카를 타고 내려오는 길에 창밖으로 보이는 건 오직 케이블카를 지탱하는 줄 6개뿐이었다. 짙은 운무는 눈앞의 모든 걸 감추어 버리고 있었다. 가파른 각도로 하강하다 보니 마치 심연 속으로 서서히 빨려 들어가는 듯했다.

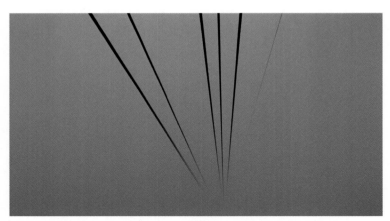

구름으로 덮인 테이블 마운틴을 내려올 때 마치 심연으로 빨려 들어가는 듯했다.

맑은 하늘의 청명한 테이블 마운틴으로 시작하여 테이블보(구름)가 드리워진 멋도 느끼게 되다니 난 역시 행운이 따르는 사람임을 확인할 수 있었다.

테이블 마운틴 관광을 마치고 저녁 식사를 위해 워터 프런트로 갔다. 워터 프런트에서 테이블 마운틴을 바라보니 서서히 구름옷을 벗고 있었다.

먼발치에서 보이는 저 커다란 산 위를 거닐고 있었다는 것이 꿈같이 느껴졌다.

허기진 배를 채우기 위해 해산물 요리로 유명한 키폴(Quay Four)이라는 식당에 자릴 잡았다. 이 식당은 저녁 식사 시간에 맞춰 라이브 공연을 진행하는 것으로 유명한데 내가 도착한 때는 이른 시간(저녁 5시)이라 식당이 한산했다.

덕분에 공연 무대 바로 앞에 자리를 잡고 해물 플레이트(Seafood Plate)와 화이트 와인(브랜드는 보쉔달 (Boschendal), 샤르도네(Chardonnay) 품종으로 빈티지는 2013)을 주문했다.

한참 식사를 하고 있는데 드디어 공연이 시작됐다. 2명의 중년 남성으로 구성된 공연팀은 사이먼 앤 가펑클, 비틀스 등의 명곡을 열창했다. 식당 손님들과 함께 합창도 하고 건배도 하며 케이프타운에서의 첫날 일정을 마무리했다.

역사책에서 배운
'희망봉'에 매달리다

오늘의 여행 목적지는 희망봉 국립공원이다. 이곳은 1488년 포르투칼인 바르톨로뮤 디아스(Bartolomeu Diaz)가 발견한 암석 곳으로 유럽 선단이 극동 지역, 호주로 향할 때 중간 기착점이 되었던 곳이다.

많은 이들이 희망봉이 아프리카의 최남단이라고 알고 있는데 지도를 보면 알 수 있듯 남아공 영토의 서쪽 최남단이 희망봉이고, 남아공 및 아프리카 대륙의 최남단은 아굴라스(Agulhas, 희망봉에서 150㎞ 거리에 위치함. 4장 참고)이다.

희망봉의 최초 지명은 폭풍의 곳(Cabo Tormentoso)이었는데, 포르투갈 국왕은 잦은 선박 사고를 줄이고자 희망봉(Cape of Good Hope)으로 개명하게 된다.

앞서 보았던 지도의 네모 부분을 확대하면 아래 지도와 같다. 오늘 여정은 숙소가 위치한 벤틀리 베이에서 중간 지점인 사이먼스 타운(Simon's Town)을 거쳐 목적지인 희망봉 국립공원에 도착하게 된다(약 50분 소요).

웅장한 배경 속에 대양을 가르는 잠수함의 모습이 인상적이다.

　차를 몰고 가다 사이먼스 타운의 카페에 들러 차 한 잔의 여유를 즐겼다. 일렁이는 파도를 감상하던 중 '엄청난 것'을 목격하게 된다.

　그것은 바로 잠수함이었다. 카페 주인에게 잠수함을 목격했다고 하자 사이먼스 타운의 역사에 대해 설명해 주었다.

　그의 설명에 따르면 이곳 사이먼스 타운에는 영국령일 당시(약 200년 전)프랑스와 네덜란드 군의 침입을 방어하기 위해 해군 기지가 세워졌고, 이후 세계 2차 대전에서도 요새로 이용되었다고 한다. 그리고 지금도 남아공 해군의 전초기지로 활용되고 있다.

　잠수함 관람(?)을 마치고 차를 몰아 희망봉 국립공원에 진입했다. 입구를 얼마 지나지 않아 펄스베이(False Bay)를 한눈에 조망할 수 있는 낭떠러지 벤치를 발견할 수 있었다.

그곳은 대서사시의 주인공이 서 있어야만 할 것 같은 비장미가 느껴지는 곳이었다.

　희망봉 국립공원이 얼마나 멋진 풍경을 품고 있는지를 알리는 서막이 이 정도라니…. 거센 바람을 맞으며 장대한 풍경에 홀려 한동안 서 있을 수밖에 없었다.

당시 얼굴을 때렸던 매서운 바람이 아직도 느껴지는 듯하다.

멋진 풍경에 취해 있다가 공원 안에 숨겨진 볼거리를 찾기 위해 길을 떠났다. 다음 목적지인 희망봉(Cape of Good Hope)으로 향했다. 가는 길에 바르톨로뮤 디아스를 기리는 십자가 탑(포르투갈 정부 기증)이 있어 탑 앞에 서서 디아스의 명복을 빌었다(1,500년 브라질 항해 중 조난 사고로 사망). 공원 내에는 이곳을 거쳐 인도항로를 개척한 바스코 다 가마의 십자가 탑도 위치하고 있다.

참고로 희망봉은 케이프 반도의 최남단에 위치한 곳으로 바르톨로뮤 디아스가 배를 정박한 지점으로 알려져 있다. 그다음 목적지인 케이프 포인트(Cape Point)는 반도의 우측 끝단으로 배를 정박할 수 없는 절벽 지형으로 이루어져 있다. 한 마디로 희망봉과 케이프 포인트는 별개의 지역이다.

차를 몰고 가다 보니 희망봉과 케이프 포인트의 방향을 알리는 갈림길이 있었다. 우선 희망봉 쪽으로 운전대를 돌렸다.

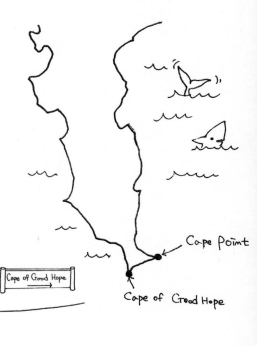

결정의
순간!

Cape Point / Lightning House ← | → Cape of Good Hope

Cape Point

Cape of Good Hope

← 이번 여정 불부이 헤다 ii0

　500여 년 전, 바르톨로뮤 디아스가 발을 내디뎠던 역사적인 장소에 직접 가보게 되다니…. 뛰는 가슴을 안고 달리다 보니 저 멀리 관광객들의 모습이 보였다.

　희망봉은 흡사 레고 블록을 쌓아 만든 것 같은 모습이었다. 특이한 외양에 이끌려 조그만 돌산에 오르기 시작했다. 워낙 유명한 장소다 보니 많은 관광객들이 눈에 띄었다.

　산을 오르는 중간에 기념사진도 찍고 외국 관광객들과 농담도 주고받으며 돌산 정상에 오를 수 있었다. 정상을 지나쳐 산책로로 접어드니 파도가 강하게 부딪치는 절벽이 모습을 드러냈다.

　몸을 가눌 수 없을 만큼 강한 바람, 절벽을 부술 듯 부딪쳐 오는 거친 파도를 보고 있노라니 이곳이 왜 '태풍의 곶(희망봉 이전에 디아스가 지은 지명)'이라고 불렸는지 이해할 수 있었다.

　보다 멋진 풍경을 감상하기 위해 절벽 끝으로 향했다. 안전을 위해 굼벵이처럼 바닥에 배를 깔고 기어갔다.

　절벽 끝자락에 다다르니 대양이 한눈에 들어왔다.

문득 이런 생각이 들었다. '희망봉 벼랑 끝에 매달려 태평양의 거센 파도를 감상할 수 있는 사람이 이 세상에 과연 몇이나 될까?'

행복한 생각에 빠져드니 벅찬 감격이 가슴을 뜨겁게 달궜다. 500여 년 전 디아스도 이곳에 도착해서 인도양으로 나아갈지 고민할 때 그의 심장은 나의 뜨거움보다 훨씬 뜨거웠으리라….

디아스는 선상 반란의 위험으로 인도항로 개척을 포기했다.

희망봉에서의 행복한 시간을 뒤로하고 다음 목적지를 가기 위해 산에서 내려왔다. 차분히 길을 걸으며 희망봉의 바위들을 살펴보니 제각기 독특한 생김새를 가지고 있었다.

개코원숭이, 새끼를 안은 펭귄 등. 이런 바위 모양에 상상력이 더해지면 희망봉에 얽힌 재미있는 동화를 만들 수 있겠다는 생각이 들었다.

다음 목적지인 케이프 포인트로 향했다. 케이프 포인트는 공원의 동쪽 끝자락 고지대에 위치하고 있어 배의 안전을 위한 등대가 설치된 지역이다.

산책길을 걸어 케이프 포인트에 도착했다. 실제 케이프 포인트는 좁은 길, 깎아지는 절벽 지형으로 실제로 접근이 불가능하다. 그래서 산책로 중간에는 케이프 포인트를 조망할 수 있는 전망대가 설치되어 있다.

날렵하고 거대한 케이프 포인트의 모습은 한동안 말을 잊게 했다.

이 전망대들은 제2차 세계대전 당시 독일의 유보트를 감시하는 레이더 설치 장소를 개조해 만들어 놓은 것이다.

전망대에서 바라본 케이프 포인트는 웅장하고 아름다웠다. 거대한 암벽이 높이를 낮추어 서서히 바닷속으로 입수하는 것 같은 모양새는 날렵한 느낌마저 들게 했다.

전망대에서 케이프 포인트를 응시하며 '내 생애 이곳은 꼭 한 번 다시 오리라!' 하고 다짐했다.

남아공 여정 속에서 이런 다짐을 여러 번 했지만, 케이프 포인트는 그중에서도 더욱 각별한 느낌으로 나에게 다짐을 부추기고 있었다.

이후 산책로를 따라가 등대(1860~1919)가 있던 해발 249m 지점에 올랐다. 등대는 케이프 포인트의 가장 높은 곳에 만들어져 사용되었으나, 구름, 안개의 형성으로 빛을 가리는 경우가 많아 오히려 낮은 지대에 새 등대를 설치하여 사용 중이다.

등대 옆에 위치한 전망대에는 뉴욕, 베이징, 런던 등 세계 주요 도시까지의 거리가 표시되어 있었다. 서울이 새겨진 안내판을 찾을 수 없어 아쉬웠지만, 다음에 우리나라의 도시 이름도 등재될 수 있도록 작은 힘이나마 보태야겠다는

생각을 했다.

케이프 포인트 투어를 마치고 공원 내 피자 가게에서 식사를 했다. 식사하는 내내 개코원숭이들이 나에게 피자를 갈구하는 눈빛을 보냈다.

야생 동물에게 먹이를 주는 건 불법이기에 안타깝지만 피자를 나누어 주지는 않았다. 이런 이유 때문이었을까?

공원 내 다른 지역으로 이동하기 위해 주차된 차량으로 갔을 때 난처한 상황에 직면하게 됐다. 바로 원숭이 한 마리가 내 차 위에 앉아 있는 것이다.

내 차인 듯 내 차 아닌 네 차인 듯한….

손짓 발짓도 하고 큰 소리를 내도 녀석은 꿈쩍하지 않았다. 그렇게 한동안 개코원숭이 앞에서 쇼(?)를 했다. 날 지켜보던 녀석은 흥미를 잃었는지 제 갈 길을 갔다. 점심에 피자를 주지 않은 데 대한 보복이었을까?

어찌 됐건 다시 차를 타고 버펄로 베이(Buffalo Bay)에 갔다. 그곳에서
바라본 희망봉 국립공원의 산세는 마치 백상아리의 등지느러미 모습을
연상하게 했다.

재미있는 사실은 버펄로 베이 옆에 위치한 펄스 베이(False Bay)는 백상아리의 서식지로 유명한 곳이다. 산 자체가 상어 서식지를 알리는 거대한 표지판이랄까.

아침 일찍 시작한 희망봉 국립공원 투어는 해 질 녘이 다가왔지만, 아직 본 곳보다 볼 곳이 더 많이 남아 있었다.

하루 일정으로 이곳을 다 보는 건 무리라고 판단하여 마지막으로 한 곳만 더 보고 돌아갈 마음을 먹었다.

그래서 올리판츠보스(Olifantsbos) 자연 보호구역으로 향했다. 가는 길에 타조, 본테복(Bontebok) 등 다양한 야생 동물을 만날 수 있었다.

풀 뜯어 먹고 있는 본테복

올리판츠보스 해변에 도착해 산책을 즐기는 것을 마지막으로 희망봉 국립공원의 일정을 마무리했다.

숙소로 돌아오는 길에 사이먼스 타운에서 석양을 보며 시원한 맥주 한 잔을 기울였다. 꼭 다시 오리라는 약속을 가슴에 새기며… 케이프타운에서의 또 다른 하루는 저물어 가고 있었다.

행복한 여정은 인생을 살게 하는 힘, 그 자체다!

넬슨 만델라의
숨결을 느끼다

오늘은 케이프타운의 역사를 배우기 위해 박물관들을 둘러볼 예정이다. 지금까지 '감성 충만' 여정이었다면 오늘은 '지성 강화'를 위한 일정이다.

처음 찾은 곳은 넬슨 만델라가 18년간 수감 생활을 한 로벤 섬이었다 (총 수감 기간은 27년. 1963년~1990년).

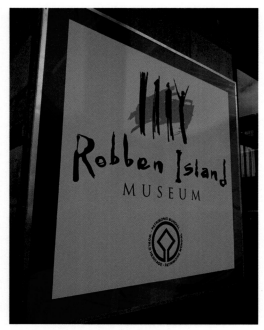

워터 프런트에 위치한 로벤 섬 박물관 입구

　로벤 섬은 케이프타운 워터 프런트에서 배로 30여 분 정도 떨어진 섬으로 17세기부터 죄인들을 유배시켰던 곳이다. 이곳은 1960년대부터는 수용소 시설을 갖추어 흑백 분리정책(아파르트헤이트)에 반대하는 정치범들을 수감하였다.

　남아공의 슬픈 역사를 확인하러 가는 길이라 그런지 하늘에서는 굵은 빗방울이 내려 음습함을 더했다. 로벤 섬 방문 전용 페리를 타고 30여 분 만에 로벤 섬에 도착했다.

　로벤 섬 투어는 전용 버스를 타고 이동하며 가이드의 설명을 듣는 방식으로 진행되었다.

　투어 가이드는 이곳에서 수감 생활을 했던 분들이 진행하여 당시 상황을 생생하게 전달해 주었다.

로벤 섬 방문 전용 페리

로벤 섬 투어는 전용 버스

우리 팀 가이드를 맡았던 분

　로벤 섬의 수용 시설은 죄의 유형, 죄수의 등급에 따라 관리를 했다는 사실과 정치범들은 수감 생활 초기 이불도 지급받지 못해 맨바닥에 누워 자야 하는 열악한 환경이었다는 사실을 이야기했다.

로벤 섬 가이드들은 실제로 이곳에서
수감 생활을 했던 정치범들이다.

우리는 이어서 넬슨 만델라가 동료들과 자유 시간을 보냈던 조그만 크기의 운동장을 방문했다. 18년간 그에게 허락된 자유의 크기는 고작 조그만 공터 하나였다. 착잡한 마음이 엄습해 오는 순간 가이드는 넬슨 만델라가 수감되었던 방에 대해 설명해 주었다.

운동장 옆 네 번째 창문이 그가 남아공의 차별 정책에 맞서 홀로 싸

오른쪽 맨끝의 창문이 넬슨 만델라가 수감되었던 방이

웠던 방이라는 것이었다. 이야기를 듣고 서둘러 그곳으로 가 보았다.

그의 방은 협소하고 초라했다. 이불과 베개, 탁자, 화장실 용도의 쓰레기통…. 인간으로서 당연히 누려야 할 최소한의 권리도 이곳에서는 사치였던 것이다.

수감 초기에는 이불조차 지급되지 않았다.

열악한 환경 속에서도 27년을 버텨 남아공의 민주화를 이룩한 넬슨 만델라에 대한 존경과 경외심이 가슴을 뜨겁게 달구었다.

1980년대 민주화 운동을 통해 군사독재의 굴레를 벗은 우리의 상황을 떠올리니 그 감동은 배가 되었다.

투어가 끝나자 마치 연출이라도 한 듯 날씨가 개고 있었다. 넬슨 만델라의 영면을 기원하며 케이프타운으로 돌아왔다.

남아공 근대사의 중요한 장소
굿 호프 성

케이프타운으로 돌아와 두 번째 목적지인 굿 호프 성(Castle of Good
Hope)으로 향했다. 1666~1679년에 만들어진 굿 호프 성은 하나의 거대
한 요새 형태로 건물 내에 공격용 망루, 교회, 상
점, 주택, 감옥 등이 위치하고 있다.

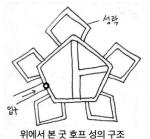

위에서 본 굿 호프 성의 구조

굿 호프 성은 2차 보어전쟁(1899~1902년) 당시 일부 지역이 감옥으로 사용되었다. 이곳에 수감되었던 유명한 재소자로는 영국 전쟁 영웅 키치너(Kitchener)의 죽음(제1차 세계대전 중 침몰 사고로 사망)을 주도한 피츠 조벌트 뒤켄(Fitz Joubert Duquesne)이 있다.

그는 몰래 얻은 철제 숟가락으로 감옥의 바위벽을 뚫고 탈출에 성공할 뻔했으나, 아래와 같이 아깝게 탈출에 실패했다고 한다.

철제 숟가락을 구한 뒤켄 / 하룻밤 새 숟가락을 이용해 시멘트 부분을 긁어내 두꺼운 벽을 뚫고 탈출 시도 / 탈옥 직전 떨어진 돌에 끼어 정신을 잃고 체포

또 한 명의 유명한 수감자는 바로 줄루족 마지막 왕인 세츠와요(Cetshwayo)였다. 1879년 줄루족과 영국군 간의 전쟁 후 사로잡힌 그는 이 요새에서 수감 생활을 했다.

줄루족 마지막 왕, 세츠와요.
키가 2m에 달하는 거구였다.

수감 생활 중 그는 영국으로 압송되었다가 귀국하여 고향으로 돌아가게 되는데 오래지 않아 심장마비로 사망하게 된다(정적의 암살일 가능성이 높다고 한다).

강대국의 힘에 눌려 불운한 삶을 살다 간 그의 모습이 일제 강점기 시절 순종의 모습과 중첩되었다. 안타깝게도 순종의 사인도 심장마비였다.

굿 호프 성은 현재 거대한 전시 공간으로 재활용되고 있다. 앵글로-보어전쟁 전시장, 비상설 전시장(필자가 찾은 날은 사진작가의 전시회가 열리고 있다), 윌리엄 페어(William Fehr)의 골동품, 미술품 전시장 등이 운영 중이다. 한마디로 입장권 한 장으로 다양한 전시를 감상할 수 있다.

전시물 중 눈길을 끄는 것이 있었다. 바로 우리나라의 '가마'를 연상하게 하는 이동 수단이었다. 이 전시물을 보고 있노라니 '동서양을 막론하고 편한 걸 찾는구나.'라는 생각이 들었다.

한참 동안 전시관에 머물다 공터로 나왔다. 그곳에는 아름다운 백마 한 마리가 한가롭게 풀을 뜯고 있었다.

남아공 원주민, 보어인(네덜란드인 위주의 유럽 이주민), 영국인의 패권 다툼이 벌어졌던 치열한 역사의 현장에서 상반된 느낌의 풍경을 보고 있노라니 인생사의 부질없음을 새삼 느낄 수 있었다.

　　이후 남아공의 흑백 분리정책(아파르트헤이트)의 아픈 역사를 전시하고 있는 디스트릭트6 박물관(District6, 디스트릭트6는 영화 '디스트릭트9'의 모티브가 된 지역으로 흑백 분리정책을 풍자하여 외계인과 인간의 분리정책을 소재로 하여 제작되었다)과 흑인들이 탄압받던 과거의 모습을 재현해 놓은 슬레이브 로지(Slave Lodge)에 들러 남아공의 역사를 공부했다.

디스트릭트6 박물관 내부

그리고 마지막으로 남아공 국립 미술관(South African National Gallery)의 미술 작품을 감상하며 역사 공부로 무거워졌던 마음을 다독였다.

미술관 앞 벤치에 앉아 하루 일정을 돌이켜 보았다. 때마침 다람쥐 한 마리가 내 옆으로 다가와 자리를 잡았다. 심각한 표정으로 생각에 잠겨 있는 내 모습이 측은해 보였는지, 녀석은 한동안 내 곁에 머물러 주었다. 넬슨 만델라가 27년간 옥살이를 하며 느꼈을 외로움을 느끼지 말라는 듯이….

여행 중 만나는 동물들은 외로움을 잊게 하는 친구와 같은 존재다.

traveling

케이프타운의
아름다운 해변 투어

날씨 변화가 심한 남아공에서 무지개를 보는 것은 그렇게 어려운 일이 아니다.

아침에 일어나 창밖을 보니 무지개가 파란 하늘을 가로지르고 있었다. 남아공에 와서 종종 무지개를 목격하게 되는데, 볼 때마다 좋은 일이 있었기에 오늘 일정도 순탄할 것 같은 예감이 들었다.

숙소를 옮기는 날이라 게스트 하우스 주인과 직원들에게 작별 인사를 하고 길을 나섰다.

첫 목적지는 숙소 주변에 위치한 캠스 베이(Camps Bay)였다. 캠스 베이는 세계적으로 유명한 화이트 샌드 비치로 연중 서핑과 해수욕을 즐기는 사람들로 붐빈다.

캠스 베이를 멀리서 조망한 모습. 12사도의 모습이 인상적이다.

해변 주위에는 깔끔한 인테리어의 식당들이 즐비하다. 해변을 둘러싼 12사도(12 Apostles)라 불리는 거대한 돌산은 캠스 베이의 아름다움을 배가시키는 역할을 톡톡히 담당하고 있다.

차를 주차하고 해변에 들어선 순간 코발트 빛 하늘과 하얀 모래사장은 마치 한 폭의 그림을 연상하게 했다. 케이프타운에는 아름다운 해변이 많지만, 그중에서도 캠스 베이는 뛰어난 아름다움을 지니고 있었다.

그 아름다움을 눈에 담는 것만으로는 아쉬워 연신 카메라 셔터를 눌러댔다. 그저 보는 것만으로 힐링이 된다는 말이 어떤 의미인지 확실히 알 수 있게 하는 풍경이었다.

　마음 같아서는 하루 종일 해수욕을 즐기고 싶었지만, 다음 여정을 위해 길을 나섰다. 12사도를 뒤로하고 다음 목적지인 하우트 베이(Hout Bay)로 향했다.

　하우트(Hout)는 네덜란드어로 나무(Wood)를 뜻하는데 케이프타운에 도시를 건설하면서 필요한 목재를 이 지역에서 조달했기에 생긴 이름이라고 한다.

　하우트 베이의 유명한 관광 상품은 물개 섬(Seal Island) 투어인데, 오전에 4차례(8:30/9:15/10:00/10:45)만 운행하기 때문에 늦지 않게 항구에 도착해야 했다. 10시가 되기 전 항구에 도착해서 물개 섬 투어 티켓을 구입했다.

　10시 투어를 위해 배에 올랐다. 바다를 향해 10여 분을 나아가자 조그만 섬이 눈에 들어왔다. 섬 위에는 수많은 물개들이 자리 잡고 있었다.

　큰 소리로 울부짖는 녀석, 바닷속으로 다이빙하는 녀석, 배를 깔고 누워 미동도 하지 않는 녀석 등 수백 마리의 물개가 섬을 덮고 있었다.

하우트 베이의 선착장은 아침부터 관광객들로 붐빈다.

물 반, 물개 반! 평생 볼 물개를 한순간에 다 봤다.

평생 볼 물개를 한자리에서 다 본 느낌이랄까…. 또 한 가지 인상적이었던 건 녀석들의 변 냄새가 엄청났다는 거다.

~ 지상 최대의 변냄새!

섬 주변을 돌며 물개들을 관찰하고 40여 분만에 항구로 다시 돌아왔다.

항구에는 반짝이 의상을 입은 밴드가 흥겨운 음악을 연주하며 관광객들을 맞이해 주었다.

배가 들어오면 관광객들을 흥겹게 맞아 주는 하우트 베이의 명물, 중년 악단

배에서 내려 선착장으로 나가려는데 한 흑인 아저씨가 '쇼'를 보여주겠다며 사람들을 불러 모았다.

그가 준비해 온 정어리를 입에 물고 바다 쪽으로 향하자 멀리서 물개한 마리가 뛰어올라 정어리를 낚아챘다.

찰진 욕을 구사하는 하우트 베이의 물개 쇼 아저씨

사람들의 박수가 이어지자 아저씨는 다양한 포즈로 물개에게 먹이를 주었다. 관광객들이 몰려들어 사진을 찍자 아저씨는 팁을 요구했다.

이때 팁을 준 사람들은 별 탈이 없었지만, 팁을 주지 않은 사람들은 아저씨의 찰진 욕을 들어야만 했다('지옥에나 가 버려!' 계통의 욕이었다).

선착장에는 기념품을 파는 가게들이 들어서 있었다. 남아공 전통공예, 미술품, 먹거리 등 다양한 상품을 판매하고 있었는데 그중에서 가장 관심을 끈 것은 백상아리 이빨로 만든 목걸이였다. 사고 싶은 마음이 컸지만, 너무 고가(엄지손가락 크기의 절반 정도가 10만 원 정도였다)여서 보는 것으로 만족해야만 했다.

사고 싶었지만
비싸서 참은
백상어 목걸이

마침 점심시간이 되어서 허기를 달래기 위해 주변의 유명한 피시 앤 칩스 음식점인 '피시 온 더 락스(Fish On the Rocks)'에 갔다. 그리고 그곳의 대표 메뉴인 대구살 튀김(Hake & Chips, R58, 약 5,800원)을 주문했다.

피시 앤 칩스를 한 입 베어 무는 순간 기분이 좋아졌다. 바삭한 튀김 옷 안에 숨겨진 탱탱한 대구살의 조화는 그간 먹어 봤던 피시 앤 칩스 중 단연 최고였다. 식당 주변에는 옛 포대 유적과 미술 작품이 전시되어 있어 식사를 하며 눈요기도 할 수 있었다.

하우트 베이 여정의 대미를 장식한 피시 온 더 락스의 피시 앤 칩스

아프리카 특유의 투박한 아름다움이 잘 표현된 조각 작품

식사를 마치고 두 번째 목적지인 '월드 오브 버즈 와일드라이프 생츄
어리 앤 몽키 파크(World of Birds Wildlife Sanctuary and Monkey Park)'로 향했다.
하우트 베이 근처에 있는 이 동물원은 이름에서 알 수 있듯 330여 종
이 넘는 조류와 다양한 원숭이를 전시하는 곳이다.

이 동물원은 약 100개의 우리로 구성되어 있는데, 특이한 점은 방문
객들이 우리 안에 직접 들어가 가까운 거리에서 동물을 관찰할 수 있
다는 것이다(물론 공격성이 강한 일부 동물은 제외). 우리 안으로 들어가 가까운

거리에서 동물들을 관찰하니 더욱 생동감이 느껴졌다.

특히 그중에서도 호주에서 온 화식조(Southern Cassowary)는 화려한 색깔과 공룡을 연상시키는 겉모습으로 관광객들의 시선을 모았다.

가이드는 화식조가 전 세계에서 가장 호전적인 조류라고 설명했다. 실제로 호주에서는 화식조로 의한 인명 피해가 종종 발생하고 있다고 한다.

새들과의 만남을 뒤로하고 해안 도로인 채프먼스 피크(Chapman's Peak)로 향했다. 세계적으로 유명한 드라이브 코스인 채프먼스 피크는 총 9㎞에 달하는 도로로 중간에 전망대가 있어 케이프 반도의 절경을 한눈에 담을 수 있었다.

채프먼스 피크의 절벽 도로는 100개 이상의 코너를 돌아야 하고 도로 폭이 좁아 운전하기 쉽지 않다. 그래서 이곳에 가게 된다면 제한속도(20㎞)를 지키고 운전에 집중해야 한다.

세계적으로 유명한 드라이브 코스인 채프먼스 피크 전망대에서 바라본 풍경

차를 몰아 펭귄을 볼 수 있는 볼더스 비치(Boulders Beach)로 향했다.

계단을 통해 해변에 다다르자 조그만 펭귄들이 방문객들을 맞이하고 있었다. 뒤뚱뒤뚱 걷는 모습은 살아 있는 캐릭터 인형처럼 보였다.

대부분의 펭귄이 해변에 무리 지어 휴식을 취하고 있을 때, 홀로 해변을 걷고 있는 펭귄을 발견했다.

마치 갈매기 조나단이 다른 갈매기와 달리 큰 꿈을 품고 대양을 향해 날아오르듯 무리에서 떨어져 대양을 응시하는 모습이 인상적이었다.

볼더스 비치에서 귀여운 펭귄들을 원 없이 관찰할 수 있다.

게스트 하우스 이름을 브랜드로 한, 말 그대로 하우스 와인

해 질 녘이 가까워져 새로운 숙소인 아쿠아 테라(Aqua Terra)에 도착했다. 사이먼스 타운에 위치한 게스트 하우스는 고지대에 위치하고 있어 케이프 반도의 전경을 두루 살필 수 있었다. 저녁 식사를 하고 숙소 테라스에 앉아 게스트 하우스 주인이 직접 담근 와인을 기울이며 기분 좋게 하루를 마무리했다.

뮤젠버그의 오두막에 얽힌
슬픈 이야기

남아공의 초대 총독 세실 로즈의 슬픈 이야기가 전해지는 무지개색 오두막

케이프타운 여행 4일째, 와인 루트로 떠나기 전 뮤젠버그(Muizenberg)에 들리기로 했다. 뮤젠버그는 남아공 서핑 역사가 시작된 곳으로 총 20㎞에 달하는 해변에 끊임없이 밀려드는 파도가 인상적인 곳이다.

뮤젠버그의 명물로 유명한 무지개색 오두막은 1902년 남아공 초대 총독을 지낸 세실 로즈(Cecil Rhodes)가 지어 개인 별장으로 사용하다가 지금은 공공시설로 활용되고 있다.

1870년 남아공에 입국한 세실 로즈는 다이아몬드 사업권을 독점하여 엄청난 부를 축적하게 된다. 그리고 재력을 바탕으로 정계에 진출하여 남아공 총리 자리까지 오른다.

그러던 중 영국과 보어인(네덜란드계 후손이 주축이 된 남아공 정착 백인)과의 전쟁에서 실각하고 결국 1902년 자신이 만들어 놓은 해변의 오두막에서 숨을 거두게 된다.

돈, 명예, 권력을 다 누렸던 그가 자신이 지은 초라한 오두막에서 숨을 거두게 될지 그 누가 예상했을까? 인생사 새옹지마라는 걸 새삼 느끼게 되는 순간이었다.

뮤젠버그 해변에는 해양 스포츠(서핑, 카누 타기 등)를 즐기는 사람들로 붐볐다.

이곳은 백상아리 출몰 지역인 팔스 베이(False Bay) 근처에 있어, 종종 백상아리가 출몰하는데 전문 안전요원들이 고지대에서 백상아리의 출연을 미리 파악하여 인명 피해를 줄이고 있다.

해변 거닐고 있는데 노부부가 모시조개를 잡고 있었다. 모래사장의 작은 구멍을 발뒤꿈치로 누르고 거품이 올라오면 잽싸게 파는 방법으로 순식간에 조개를 잡아들였다.

뮤젠버그 주변에서 조개를 잡는 노부부의 모습. 밀레의 만종이 떠오른다.

쉬워 보이는 조개잡이 모습에 노부부의 방법을 따라서 해보았으나
조개를 한 마리도 잡지 못했다.

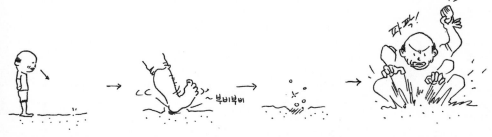

조그만 구멍 발견   발뒤꿈치로 압력을 가한다.   모래사장에 기포가 올라오면   조개 득템!

남아공 와인의 미학이 깃든 장소
와인 루트

뮤젠버그의 넘실거리는 파도를 뒤로하고 '와인 루트(Wine Route)'로 향했다. 와인 루트는 케이프타운 주변에 형성된 와이너리(Winery, 양조장)들을 연결하는 길을 의미한다.

스텔렌보스(Stellenbosch), 팔(Paarl), 프렌치후크(Franschoek), 서머싯(Somerset), 웰링턴(Wellington)이 와인 루트를 구성하는 주요 도시다. 이 도시 중 나의 목적지는 스텔렌보스와 팔 두 곳이었다.

케이프타운에서 스텔렌보스까지 이르는 주변 풍경은 한마디로 '작품'이었다. 높은 산으로 둘러싸인 넓은 대지, 그 위에 큼지막하게 자리 잡은 와이너리의 모습은 멋들어진 풍경화 그 자체였다.

스텔렌보스의 바람막이가 되어 주는 산맥은 와인 생산의 숨은 조력자다.

거리 조각품이 들고 있는 책을 함께 읽는 아저씨의 모습이 익살스럽다.

　스텔렌보스의 일정이 기대됐던 이유는 1713년에 지은 고건물에 위치한 쿠프만후이즈(Coopmanhuijs Hotel & Spa) 호텔을 예약했기 때문이다. 이 호텔은 남아공 정부의 보존 건축물로도 등록된 유서 깊은 곳이다.

　차를 몰아 스텔렌보스 시내에 진입하자 노천카페가 줄지어 있었다. 카페는 북적이는 인파로 생동감이 넘쳤다.

　지금까지 방문했던 남아공의 어떤 도시 보다도 유럽의 정취가 물씬 풍겼다. 호텔 주변에 차를 주차하고 호텔로 향했다. 길거리에는 조각, 조형 미술품 등이 다양하게 전시되어 있어 그저 걷는 것만으로도 감성이 충만해지는 듯했다.

　호텔에 들어서는 순간 타임머신을 타고 시간 여행을 떠나온 것 같았다. 짐을 들어주는 호텔 벨보이의 고풍스러운 의상, 18세기를 연상하게 하는 호텔 내부 장식 등.

　방에 짐을 풀고 거리로 나섰다. 스텔렌보스는 치안이 안정적이어서 늦은 시간까지 거리를 활보할 수 있는 곳이다. 거리에 놓인 예술 작품

을 감상하며 발길이 닿는 대로 나아가자 스텔렌보스 대학에 도착하게 되었다.

대학 건물과 주변의 고건축물들이 어우러져 고풍스러운 멋을 더했다. 그중에서 '1907'이라는 건립 연도가 새겨진 사솔 미술관(Sasol Art Museum)에 입장하여 미술 작품을 관람했다. 사솔 미술관에는 19~20세기 남아공과 다른 해외의 미술 작가들의 작품과 남아공의 원주민인 산(San)족의 벽화와 전통 물품 등도 전시되어 있었다.

미술관 관람을 마치고 길거리 예술 작품을 찾아다니며 시간을 보냈다. 제각각 특징을 지닌 벤치, 담 옆에 놓여 있는 조각 등 마치 보물찾기 같은 재미가 느껴졌다.

한참 동안 거리 미술 투어를 돌아보고 숙소로 돌아왔다. 저녁 식사는 호텔 내 식당인 헬렌스 레스토랑(Helen's Restaurant)에서 먹었다.

고풍스러운 사솔 미술관의 외관

18세기 유럽의 어느 식당에 와있는 것 같은 호텔 식당

　　고풍스러운 인테리어와 은은한 촛불 조명은 내가 마치 18세기 유럽
의 어느 식당에 와있는 것 같은 착각을 불러일으켰다.
　　오늘 하루만큼은 유럽 어느 나라의 귀족으로 빙
의되어 만찬을 즐기고 싶었다. 그래서 애피타이
저, 본식, 후식과 와인(R62 Joubert Tradauw 2008)
을 주문해서 여유를 가지고 식사를 즐겼다.

　　식사를 마치고 늦은 밤 예술과 와인의 도시
를 활보했다. 갤러리들은 영업을 마친 상태였지만, 쇼
윈도를 통해 개성 넘치는 작품들을 감상할 수 있었다. 해가 지고 스포
트라이트 조명을 받은 미술 작품들은 또 다른 아름다움으로 내게 다
가왔다.

밤에 즐기는 스텔렌보스 갤러리 투어. 낮에 봤던 그림과 또 다른 감흥을 느끼게 한다.

와인 루트의 핵심 와이너리 투어
'디 버그켈더' 그리고 '스피어'

아침에 일어나 스텔렌보스 장난감 박물관(Toy Museum)과 만물상인 움사미지윈클(Oom Samie Se Winkel)을 돌아보는 것으로 하루를 시작했다.

장난감 박물관을 방문한 이유는 은퇴 후에 장난감 박물관을 운영할 계획이 있어, 여행을 다닐 때 장난감 박물관이 있는 곳은 어디든 찾아보고 벤치마킹하고 있기 때문이다.

장난감 박물관의 신부 인형 전시물. 괴기스러운 분위기다.

없는 것 빼고 다 있는 움사미지윈클

움사미지윈클은 스텔렌보스의 유명 상점으로 1904년에 처음 문을 연 역사적인 곳이다. 와인, 말린 생선, 골동품까지 없는 것 빼곤 다 있는 흥미로운 상점이었다.

상점 문 앞에는 이곳의 명물인 허
수아비 아저씨가 멍하게 의자에
앉아 있었다. 마치 이상한 나라
의 앨리스와 긴 여정을 마치고
돌아와 끝없는 휴식에 빠져 있는
것 같은 모습이었다.

아침 일정을 부지런히 소화하고 와인 루트의 주요
여정인 와이너리 투어를 시작했다. 그 첫 번째는 바로 와인 저장소 디
버그켈더(Die Bergkelder)였다.

1967년 설립된 이 저장소는 남아공 와인을 신선하게 보관하는 방법
을 개발해 남아공 와인이 세계적으로 성장할 수 있는 교두보를 마련한
장소로 유명하다.

스텔렌보스의 와인 역사를 문장으로 새겨 넣은 목재 와인 저장고

저장소 투어는 사전 예약제로 미리 인터넷이나 전화(27 21 809 8025)로 예약을 확인해야 한다.

투어는 가이드와 함께 와인 저장소를 다니고 5개 포인트에서 시음을 하는 방식으로 진행되었다(R45, 약 4,500원).

와인 저장소는 다양한 형태로 조성되어 있었다. 참나무통 저장소, 유럽의 중세시대를 떠올리게 하는 지하실 저장소, 최첨단 기술이 결합된 스테인리스 저장소 등에서 맛보는 와인의 풍미는 남달랐다.

다양한 와인들이 남아공 와인 산업의 저력을 보여주는 듯하다.

저장소 투어는 약 한 시간 정도 진행되었다. 투어 후에는 와인 판매소에서 투어를 함께한 일행과 와인을 시음하며 이야기를 나누었다.

그리고 여행 중에 마실 와인 세트를 저렴한 가격에 구입했다.

디 버그켈더에서 투어를 마치고 숙소로 돌아와 낮잠을 청했다. 투어 중에 시음을 했던 와인의 취기를 달래야 했기 때문이다. 그렇게 3시간 정도 낮잠을 자고 일어나 스피어(Spier) 와이너리로 향했다.

스텔렌보스에만 140여 개의 크고 작은 와이너리가 있는데, 1692년 설립된 스피어 와이너리는 2014년 플라이트 사이트(남아공의 유명 여행 블로그, blog.flightsite.co.za)에서 선정한 10대 와이너리 중 2위를 차지한 곳이다.

스피어 와이너리 앞에 위치한 호수 공원

스피어를 비롯한 스텔렌보스의 와이너리에는 즐길 거리가 넘쳐난다. 빼어난 전경을 감상하며 맛있는 음식과 신선한 와인을 즐기는 것이 '필수'라면, 각 와이너리가 운영하는 다양한 프로그램(라이브 공연, 벼룩시장, 갤러리 운영 등)을 즐기는 건 '선택'이다.

스피어 와이너리는 최적의 장소에 위치하고 있었다. 와이너리를 관통하는 냇물은 풍부한 수원이 되었고, 이곳을 둘러싼 바위산들은 매서운 바람을 막아 주어 포도의 성장을 돕고 있었다.

스피어 와이너리에 도착해서 스텔렌보스의 맑은 물이 고여 만들어진 호수 주변을 산책했다. 한참을 거닐고 있는데 어딘가에서 맛있는 냄새가 나를 유혹했다. 이른 저녁을 먹기 위해 후각에 온 신경을 집중하여 냄새를 따라갔다.

오래지 않아 스피어 와이너리 안에 위치한 에잇(Eight)이라는 식당을 찾을 수가 있었다. 식당은 가족 단위 방문객들로 붐볐다.

전망이 좋은 곳에 자리를 잡고 와인과 음식을 주문했다. 멋진 풍경을 감상하며 맛있는 요리에 와인을 마시니 저절로 웃음이 머금어졌다. 이 식당의 식재료는 와이너리 내부의 농장에서 직접 재배해서 신선도가 뛰어나다고 식당 직원이 설명해줬다.

맛은 기본, 가격까지 저렴했던 스피어 와인

식사를 마치고 와이너리를 산책했다. 와이너리 안은 트래킹을 코스가 조성되어 있어 기분 좋게 산책을 즐길 수 있었다.

이후 와이너리에서 운영하는 조류 동물원 관람을 하고 숙소로 돌아와 스텔렌보스에서의 이틀째 일정을 마무리했다.

염소들이 사는 아파트
페어 뷰

와인 루트 여행 마지막 날, 스텔렌보스를 떠나 두 번째 목적지인 팔로 향했다. 팔은 동인도 회사를 설립한 네덜란드인들이 건설한 세 번째 도시(케이프타운, 스텔렌보스 그리고 팔 순서)로 이곳 역시 수많은 와이너리와 농장이 조성되어 있다.

스텔렌보스에서 와이너리 투어는 충분히 즐겼음에도 팔을 찾은 이유는 조벅으로 돌아가기 전 꼭 들러야 할 특별한 농장이 있었기 때문이다.

그 이름은 페어 뷰(Fair View)라는 곳인데, 이곳이 유명세를 타게 한 특별한 뭔가가 있는 곳이다.

그 특별한 것은 바로 염소가 사는 아파트였다. 1699년 설립된 페어 뷰는 염소와 소의 치즈, 요거트 제품과 와인을 판매하는데, 농장 입구에 염소들이 사는 아파트를 설치하여 관광 명소가 되었다.

농장에 도착하자 3층 구조로 만들어진 염소 아파트가 가장 먼저 눈에 들어왔다. 반가운 마음에 염소 아파트 앞으로 뛰어갔다.

염소들은 아파트 주변 우리에서 햇빛을 받으며 쉬고 있었다. 염소들이 아

왠지 날 비웃고 있는 것 같은 염소들의 표정

파트 계단을 올라가는 모습을 보기 위해 무작정 기다렸다. 30여 분을 기다려도 염소들은 풀만 되새김질할 뿐 아파트에 올라갈 기미는 보이지 않았다.

한 시간여를 기다려 염소들이 아파트에 오르는 걸 관람할 수 있었다.

나와 함께 염소의 아파트 입주(?)를 기다리던 관광객들은 실망하며 하나, 둘 자리를 떠나기 시작했다. 10여 분을 더 기다렸지만 염소들은 꾸벅꾸벅 졸기 시작했다. 그래서 계획을 바꿔 우선 농장을 둘러보기로 했다.

페어 뷰에는 치즈 테이스팅, 와인 테이스팅 코스를 운영하고 있다. 와인 스탠다드 테이스팅(R25, 약 2,500원)을 신청하여 6가지 와인을 골라 맛보았다. 8가지 와인과 치즈를 맛보는 마스터 테이스팅도 있다(R60, 약 6,000원).

테이스팅을 마치고 농장에서 운영하는 상점에 들러 치즈와 와인을 구입했다. 그리고 다시 밖으로 나와 염소 아파트 입주민들의 동태를 살폈다.

지성이면 감천이라고 염소들은 내가 도착하자 약속이라도 한 듯 아파트 계단을 오르기 시작했다. 아파트의 맨 위층에 수컷이 자리를 잡자 암컷 두 마리가 수컷을 따라 올라갔다. 염소들이 아파트에 오르는 모습에 방문객들은 연신 사진을 찍어댔다.

염소들은 팬서비스라도 하듯 가끔 아파트 문밖으로 목을 내밀었다. 염소들이 아파트에 오르는 모습을 보기 위해 한 시간 가까이 기다렸지만 녀석들의 귀여운 모습에 기다린 시간이 아깝지 않았다.

팬들의 시선을 의식하는 듯한 염소들의 행동이 흥미롭다.

페어 뷰에서의 여정을 마지막으로 케이프타운 주변 및 와인 루트 투어를 마무리했다. 지금까지 여정 중 유럽 문화의 흔적을 가장 많이 느낄 수 있었던 투어였다.

다양한 민족으로 구성된 무지개 나라 남아공. 그 색다른 아름다움 중 또 하나를 살며시 들추어 본 의미 있는 시간이었다.

> *Tip*
>
> **스텔렌보스의** 주요 산업은 와인이다. 그렇기 때문에 도시 내에서 음주 단속을 하지 않는다. 그렇다고 음주 운전을 허용하는 것은 아니다. 스텔렌보스 등 와인 루트를 여행할 때는 와인 시음이 이루어질 수 있으니 차량까지 제공되는 와인 투어를 이용할 것을 권한다.

드라켄즈버그에 가면 왜 이곳이 용의 산이라 불리는지 알게 된다. 산속 어딘가에 용이 살아 있을 것 같다.

PART 2

용이 사는 산맥
'드라켄즈버그'에 가다

드라켄즈버그(Drakensberg)는 아프리칸스어(남아공·백인들의
언어로 네덜란드어를 바탕으로 만들어졌다)로 '용의 산', 줄루족
언어로는 우쿠하란바 '창의 장벽'이라고 불린다. 최고봉인 타바
나누토레냐나는 해발 3,482m에 이르고, 산맥의 길이가 1,000
㎞에 이를 정도로 장대한 규모를 자랑한다. 또한 드라켄즈버그
는 남아공 최고의 트래킹 코스로 유명하다.

드라켄즈버그의
물맛은 꿀맛

평소 남아공 친구들로부터 드라켄즈버그의 명성을 듣고 언젠가 꼭 가보겠노라고 생각하던 차에 주말을 맞이하여 그곳으로 향했다. 그렇게 요하네스버그에서 4시간 30분가량 운전해서 숙소인 샴페인 호텔(Champagne Castle Hotel)에 도착할 수 있었다. 숙소에 도착한 시간이 저녁 시간이어서 숙소에서 제공하는 식사를 했다. 드라켄즈버그 주변의 신선한 재료로 맛을 낸 음식은 먹는 것만으로도 건강해지는 것 같았다.

다음 날 오전 6시 30분에 일어나 '10시간의 트래킹'을 떠나야 해서 숙소로 돌아와 일찍 휴식을 취했다. 남아공에 위치한 산들은 산세가 험하고 길을 찾기가 쉽지 않아 해가 지면 위험하다. 이에 산의 정상에 오를 생각이면 침낭을 챙겨 야영을 하거나 새벽에 출발하여 해가 지기 전 숙소로 돌아오는 것을 목표로 해야 한다.

아침 일찍 일어나 산 정상으로 안내할 가이드 '시부시소'를 공원 입구에서 만났다. '등산하는데 왜 가이드가 필요하지?'라는 의구심이 들었지만, 호텔에서 적극적으로 가이드와의 동행을 권유해서 R500(1R, 남아공 통화 랜드(Rand)의 준말로 약 100원이다. 약 5만 원)을 주고 그를 고용했다.

드라켄즈버그를 300회 이상 올랐다는 시부시소

안개가 드리워진 등산로는 운치가 있었다. 등산로 입구에는 나무를 깎아 만든 지팡이가 무인 가판대 형태로 운영 중이었다. 아프리카의 전통 문양이 새겨진 디자인도 마음에 들고 산행에 도움이 될 것 같아 구입할까 망설였으나 그냥 지나쳤다. 그리고 4시간 후, 이때 지팡이를 사지 않은 걸 후회했다.

나무를 깎아 만든 지팡이. 'Drakensberg'라고 새겨져 있다. 개당 R50(5,000원)

산을 오르기 시작하자 안개가 사라지고 맑은 하늘이 눈에 들어왔다. 길옆에는 다양한 식물들이 군락을 이루고 있었다. 그중에서도 고사리가 눈에 띄었는데 나물로 무쳐 먹던 생각을 하니 한국에 대한 아련한 그리움이 느껴졌다.

한 시간 정도 나아가자 '스핑크스'라는 포인트가 나왔다. 이 부근을 지날 즈음 안개가 짙게 드리워졌다. 몽환적인 분위기는 마치 하늘 위를 걷는 듯한 착각에 빠지게 할 정도였다. 한 치

눈 앞에 펼쳐진 풍경은 그 자체가 작품이었다.

앞도 제대로 보이지 않았지만, 어렴풋이 보이는 산세와 절대의 고요함
은 난생처음 경험한 산행이었다.

　안개를 헤치고 두어 시간 산을 오르자 급경사가 시작되었다. 지금까
지 여정은 몸풀기였고, 이제부터 본격적인 게임이 시작되는 거였다. 본
게임(?)에 앞서 드라켄즈버그 정상에서 흘러내려 온 개울물을 물통에
담았다. 가이드 시부시소의 말에 의하면 이 개울의 물이야말로 '진정한
물'이라고 설명을 했다.
그의 말에 따라 물맛을
보았다. 그 맛은 한 마디
로 '꿀맛'이었다.

다리 경련 그리고
긴급한 상황에 놓이다

점심으로 숙소에서 싸준 샌드위치를 먹고 다시 걸음을 재촉했다. 이때부터는 걷기가 아니라 거의 암벽 등반 수준이었다. 문제는 이때부터 시작되었다. 드라켄즈버그 산행을 얕잡아 보고 신발의 바닥이 미끄러운 신발을 착용한 점, 넘치는 활력을 주체 못 하고 등산 초반 가이드를 앞서갈 정도의 오버 페이스, 절벽을 오르다 그만 발을 헛디뎌 미끄러졌고 순간 다리에 경련이 일어났다.

샴페인 캐슬 정상에 오르기 위해서는 두 시간가량을 더 올라야 했기에 경련을 빨리 풀어주는 게 급선무였다. 안정이 됐다 싶어 움직이면 다리에 통증이 다시 느껴졌다. 어쩔 수 없이 시부시소와 일행을 먼저 보내고 이후 그들을 따라가기로 마음먹었다.

산을 오르는 게 아니라 외나무다리를 걷는 듯한 느낌이었다.

산 중턱에 배낭을 베개 삼아 휴식을 취하고 있는데 초대형 독수리가 주변을 맴돌기 시작했다. 아무래도 나를 먹이로 생각하는 듯했다.

나 먹이 아닌디.

스물스물

지네

설상가상으로 지네가 여기저기서 스멀스멀 기어 나왔다. 움직이지 않을 수 없는 상황이어서 천천히 산을 오르기 시작했다. 30여 분을 더 오르자 영화에서나 목격했던 천 길 낭떠러지 외길이 펼쳐져 있었다. 다리는 힘이 없고 신발은 미끄러워서 스릴만큼은 최상급이었다.

정상을 한 시간 정도 앞두고 다시 쥐가 났다. 이번에는 양쪽 다리 모두에 근육 경련이 났다. 더 이상 산을 오르는 건 무리였다. 휴식을 취해도 별 도움이 되지 않았다. 결국 정상행을 포기하고 산에서 내려오는 방법밖에 없었다. 하산할 때는 HOT 문희준의 엉덩이 점프 춤을 추며 내려왔다. 다리에 힘을 주기만 하면 경련이 재발했기 때문이다. 다행히 평지에 다다르니 경련이 재발하지 않았다.

엉덩이 와 팔을
사용해
하산 中 →

천신만고 끝에 가까스로 숙소에 돌아올 수 있었다. 문득 '아침에 지팡이를 샀으면 이렇게까지 힘들지 않았을 텐데…'라는 후회를 했다. 그러면서 동시에 앞으로 인생에서 뭔가 하고 싶을 때는 망설이지 말고 행동해야겠다는 다짐을 했다.

침대에 누워 하루 동안 벌어졌던 파란만장 등산기를 떠올려 보았다. 죽다 살아난 기분이 어떤 건지 그리고 왜 남아공의 험준한 산행에서 가이드를 고용해야 하는지 절실히 느끼는 순간이었다.

사진만 봐도 가파른 정도를 가늠할 수 있을 것이다.

전날의 고통을 잊게 해준
산악 승마

전날 근육통 때문에 다리에 알이 배겼다. 다리를 조금만 구부려도
통증이 느껴졌다. 그래도 움직여야 근육이 풀릴 듯하여 아
침 산책을 나섰다. 숙소 내 산책로를 따라 한참을 걷자
조그만 호수가 나왔다. 그곳에는 왜가리(Grey Heron) 한
마리가 휴식을 취하고 있었다. 먼발치에서 녀석을 한
동안 지켜보다가 숙소로 돌아와 아침 식사를 했다. 그
리고 드라켄즈버그에서의 산악 승마에 도전했다.

가운데 작게 왜가리의 산책 모습이 보인다.

승마 투어는 10여 명이 조를 이뤄 드라켄즈버그의 아름다운 목장 지대를 한 시간 반 정도 돌아보는 코스였다.

투어 중 말을 멈추고 주위 풍경을 감상하며 대자연의 위대함을 직접 느낄 수 있었다. 그리고 끝없이 펼쳐진 대지를 달린 순간의 상쾌함은 말로 형용할 수 없을 정도였다. 남아공의 웅장한 모습을 직접 체험하고 영감을 얻을 수 있었던 행복한 여정이었다.

돌아오는 길에 수제 광주리를 구입했다.
우리나라 시골에서 왕골을 짜서 만든 광주

리와 비슷했다. 머나먼 남아공에서 우리네 것과 비슷한 생활용품을 보
니 사람이 살아가는 모습은 크게 다르지 않음을 느낄 수 있었다.

남아공에서 등산할 때는 만발의 준비를 해야 한다. 산이 높고 산세가 험하기 때문이
다. 등산화와 등산복을 착용해야 하며 비상식량과 물을 상비할 것을 권장한다. 해가
지기 전에 산행을 마칠 수 있도록 계획을 짜고 만약을 대비하여 휴대용 라이트는 상비
해야 한다.

아무도 없을 땐
사람이 제일 무섭더라

다리 경련으로 샴페인 캐슬(3,377m) 등반에 실패한 이후 드라켄즈버그에 다시 한 번 찾고 싶었다. 그래서 '용의 산'을 다시 찾았다. 이번에는 드라켄즈버그의 다른 봉우리인 해발 3,004m의 커시드럴 피크(Cathedral Peak)를 목적지로 정했다. 앞서 이야기한 대로 드라켄즈버그는 1,000㎞에 걸쳐 펼쳐진 산맥으로 수많은 등산로가 자리하고 있다. 아침 일찍 차를 몰아 고속도로에 진입했다. 숙소가 위치한 요하네스버그부터 400㎞ 가까운 거리를 운전해야 하기 때문에 주유소에 들러 기름도 넣고 필요한 물품

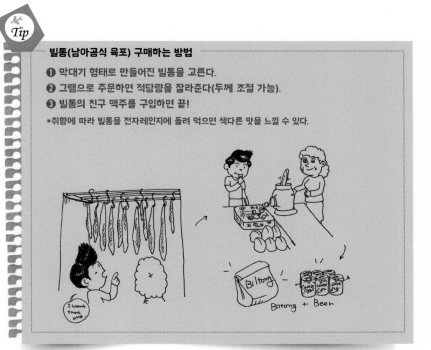

Tip

빌통(남아공식 육포) 구매하는 방법
❶ 막대기 형태로 만들어진 빌통을 고른다.
❷ 그램으로 주문하면 적당량을 잘라준다(두께 조절 가능).
❸ 빌통의 친구 맥주를 구입하면 끝!
*취향에 따라 빌통을 전자레인지에 돌려 먹으면 색다른 맛을 느낄 수 있다.

스테르크폰테인 댐 전경

을 구입했다. 휴게소에는 남아공 전통 육포인 빌통(Biltong)가게 '패드스탈 (Padstal)'이 있어 등산용 비상 식품으로 빌통과 견과류를 구입했다.

두 시간 정도 차를 몰아 스테르크폰테인 댐(Sterkfontein Dam)에 도착했다.

차에서 내려 바다를 연상하게 하는 너른 저수지를 감상했다. 그러다 멀지 않은 곳에 위치한 석제 테이블 위에 뭔가가 놓여 있는 걸 발견하고 근처로 다가갔다. 테이블 위에는 남아공 전통 찰흙 공예품이 빼곡

히 놓여 있었다. 이상한 건 공예품을 만드는 공예가의 모습이 보이지 않았다는 것이다. 인적 없는 호수 옆 공원에 덩그러니 놓여 있는 찰흙 공예품들….

궁금증이 발동하여 공예품에 손을 가져갔다. 그때 수풀 뒤편에서 들려오는 한 마디 "You want it." 갑작스러운 공예가의 등장에 놀라 넘어질 뻔했다.

남아공은 범죄가 빈번하게 일어나는 지역이라 아무도 없는 곳에서 누군가와 마주치면 놀라지 않을 수 없다. 어쨌든 놀란 가슴을 가라앉히고 분위기 쇄신(?)을 위해 코뿔소 인형(R20, 약 2,000원)을 구입했다.

다시 차에 올라 목적지로 향했다. 쉬엄쉬엄 차를 몰아 5시간

심장 떨어지게 만들었던 찰흙 공예가

여 만에 목적지인 드라켄즈버그 디디마 캠프(Didima Camp)에 도착했다. 디디마 캠프는 남아공 고대 부족인 산(San)족의 벽화가 주변에 산재해 있어 이를 모티브로 만들어진 곳이다.

숙소 주변에서
← 볼 수 있었던 산족벽화
(적나라한 부분은 ♡ 처리..)

~ 부끄부끄① 금..

짐을 풀고 나니 오후 4
시였다. 깊은 산 중인지라
섣불리 움직이지 않고 이른
저녁 식사 후 숙소에서 트래
킹 계획을 짰다. 참고로 디
디마 캠프는 1일 3식을 무료
로 제공한다.

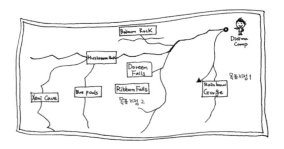

더 많은 하이킹 포인트가 있으나 일부만 표시했다.

애초에 계획은 머무르는
4일 동안 커시드럴 피크라는 봉우리에 오르는 것이었다. 그런데 산 정
상에 오르는 것보다 주변 트래킹 코스를 둘러보라는 현지 친구들의 추
천으로 아래 지도의 주요 포인트를 둘러보기로 일정을 잡았다.

신이 빚은 미완성의 도자기
리본 폭포

디디마 캠프에서의 2일째, 눈부신 아침 햇살에 잠에서 깨었다. 그리고 눈 앞에 펼쳐진 풍경을 침대에 누워 한동안 말없이 지켜보았다. '한 폭의 그림'이라는 표현이 오늘 이 풍경을 위해 준비된 것 같다는 생각이 들었다.

아침 식사로 드라켄즈버그의 맑고 찬 계곡물에서 자란 송어 요리를 먹었다. 분홍빛 속살이 신선한 맛을 기대하게 했으나 그 맛은 기대와 달리 비렸다.

식사 후 호텔 관리동에서 등반 계획표
(Day Walk Register, 조난 사고를 예방하기 위해 투숙자들의
트래킹 목적지, 연락처, 인원 수 등을 적어 놓는 장부)에 이
날 목적지로 삼은 두 곳의 하이킹 코스인 리본 폭포(Ribbon
Falls)와 레인보우 고지(Rainbow Gorge)를 적었다.

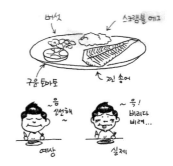

한동안 길을 걷다 보니 바위를 뚫고 자라난 나무를 볼 수 있었다. 커다란 바위를 두 동강 낸 나무의 생명력을 보니 내가 진정 '용이 사는

'산'에 와 있음을 실감할 수 있었다.

리본 폭포를 찾아가기 위해 방
향 표지석을 참고삼아 걸었다. 남
아공 여정에서 제대로 된 안내판
을 보지 못했던 터라 큰 기대는
하지 않았다. 어쨌든 수풀에 가
려진 표지석을 찾아가며 한 걸음,
한 걸음 나아갔다. 그런데 어느
순간부터인지 표지석은 보이지
않고 막다른 길이 나타났다.

리본 폭포를 포기하고 숙소로
돌아갈지 감을 믿고 트래킹을 이
어갈지 선택의 기로에 섰다. 짧은
고심 끝에 내 감을 믿어보기로
했다. 이날 리본 폭포를 보지 못
하면 평생 후회할 것 같았기 때문이다.

리본 폭포를 찾기 위한 첫 번째 단계로 우선 높은 곳에 올라 주변을
살피기로 했다. 텔레비전을 통해 본 베어 그릴스의 인간 대 자연(Man vs
Wild)을 통해 배운 노하우였다.

주변을 둘러 보니 전망대로 활용할 만한 장소를 찾을 수 있었다. 가
파른 경사, 무성한 수풀 등 접근이 어려웠지만, 혼신의 힘을 다해 '자연
전망대'에 기어올랐다. 리본 폭포를 보겠다는 일념이 결국 '상혁 대 자
연'을 연출하게 만들었다.

　힘겹게 전망 지점에 올라섰다. 누군가 가지 않은 길을 간다는 게 쉽
지는 않지만, 그곳을 오르고 난 후의 성취감은 최고였다. 전망 지점에
서 주변을 관측하여 계곡을 발견할 수 있었다. 이때 불현듯 떠오른 생
각은 폭포에서 떨어진 낙수는 계곡을 형성하고 흘러간다는 간단한 원
리였다.

　즉, 계곡을 따라 올라가면 폭포를 찾을 수 있으리라는 기대를 가지
고 걸음을 재촉했다. 잰걸음으로 계곡을 따라 올라갔다. 나무를 넘고,
개울을 건너, 사다리를 타고 그렇게 30여 분을 나아갔다.

쓰러진 나무를
넘고

개울을
건너

사다리를
타고

그때 어디선가 들리는 조그만 낙수 소리! 기쁜 마음에 낙수 소리를 따라 빠른 속도로 내달렸다. 그렇게 고생 끝에 리본 폭포에 도착했다. 그 모양은 신이 도자기를 빚다 완성하지 못하고 떠난 모양새였다.

그 자태는 마치 이탈리아 판테온 신전의 천장(B.C 27년 이전에 지어진 건축물로 지붕에 8.2m의 구멍이 있다)을 연상하게 했다. 한참을 그 아름다움에 취해 시간을 흘려보내다가 다음 목적지인 레인보우 고지에 가기 위해 하산 길에 올랐다.

신이 만든 멋진 조형물
레인보우 고지

숙소에 돌아와 점심 식사를 하고 여유 시간이 있어 낮잠을 청했다. 그런데 리본 폭포를 향한 여정이 고단했는지 예정보다 오래 자다가 오후 3시가 되어서야 잠에서 깼다.

5시 30분부터 서서히 해가 지기 시작하기 때문에 서둘러 트래킹을 시작했다. 왕복 3시간 정도 걸리는 코스였지만, 숙소인 디디마 캠프에서 목적지까지 이르는 직통 루트가 있어 시간 절약이 가능해 보였다.

트래킹 코스를 걷고 있는데 길옆에 놓인 특이한 모양의 바위를 발견하게 되었다. 족히 지름이 7~8m 정도 되어 보이는 커다란 바위가 정확히 딱 반으로 쪼개져 있는 거였다.

잠깐 가던 길을 멈추고 상상의 나래를 펼쳐 보았다. 아주 먼 옛날 드라켄즈버그를 산책하던 신은 사과를 반으로 쪼개듯 거대한 바위를 반으로 동강내고 이내 실증을 느껴 자리를 뜨게 된다(물론 제 상상입니다).

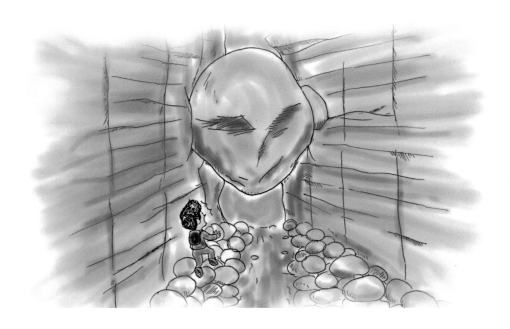

상상을 마치고 다시 트래킹을 이어 갔다. 숲길에 들어서자 간담을 서늘하게 하는 개코원숭이들(Baboon)의 울음소리가 들려왔다. 개코원숭이들은 공격적인 성향이기에 사주경계하며 뛰어서 이동했다.

숲 속으로 한참 들어가자 다시 한 번 놀랄 만한 멋진 광경을 목격하게 되었다. 암벽 사이에 낀 커다란 암석이 인상적인 레인보우 고지였다. 그 모습을 보는 순간 '자연'이라는 이름의 작가는 참 다양한 작품을 드라켄즈버그에 만들었구나…'라는 생각이 들었다.

한동안 넋을 잃고 신의 작품을 감상하다 보니 매정하게도 해가 저물기 시작했다. 숙소까지 다시 한 시간 반 정도 가야 해서 발길을 돌려야 했다. '꼭 다시 오겠다.'는 다짐을 그곳에 남겨둔 채. 숙소로의 안전 귀환을 위해 다시 뛰기 시작했다.

해가 저물고 있어서인지 퇴근(?)한 개코원숭이까지 가세했는지 녀석들의 울음소리는 더욱 커졌다. 야생 동물의 포효 소리를 들으며 산길을 빠른 속도로 달리니 공포 영화 속 주인공으로 빙의한 느낌이었다.

한참을 달려 위험 지대(숲길)를 벗어날 수 있었다. 당시 느낌은 트래킹을 마치고 돌아오는 게 아니라 마치 꿈속에서 다양한 꿈을 꾼 듯했다.

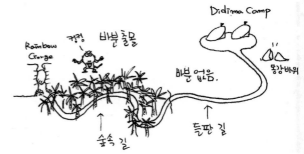

들판 길을 따라 내려오는데 한 무리의 사람들이 드라켄즈버그의 석양을 촬영하고 있었다. 할아버지, 할머니로 구성된 촬영팀은 선생님의 지도로 촬영을 진행하고 있었다. 그 광경을 보고 있노라니 방금 전까지 개코원숭이로부터 탈출하기 위해 가졌던 긴박감은 사라지고 푸근한 편안함이 느껴졌다. 긴박했던 하루는 그렇게 평화롭게 마무리되고 있었다.

거대한 손오공이 묻혀 있는
바분락

3일째 트래킹은 새로운 숙소인 커시드럴 피크 호텔(Cathedral Peak Hotel)에서 시작했다. 이 호텔은 심해 낚시 전문가인 알베르트 반(Albert Van)에 의해 1938년에 지어진 호텔로 2차 세계 대전 당시에는 부상병들의 회복을 돕는 요양 호텔로 사용한 유서 깊은 곳이다.

호텔에서 로비에 놓인 등반 계획표(Day Walk Register)에 오늘의 목적지인 바분락(Baboon Rock)을 기록하고 트래킹을 시작했다. 바분락은 숙소에서 왕복 5시간 정도 소요되는 고난도(Strenuous) 코스였다.

한 시간 정도 평지를 걷자 원숭이 머리 모양의 암석이 눈에 띄었다. 그 모습은 흡사 거대한 손오공이 묻혀 있는 것 같은 형상이었다.

호텔에는 설립자인 알베르트 반이 잡은 물고기 박제가 전시되어 있다.

이번 트래킹의 최종 목적지는
원숭이 머리 위인데 그곳에 이르
는 길은 험난했다. 가파른 경사,
좁은 등산로, 강한 바람 등 손오공
이 자신의 머리 위에 누군가 올라서는
걸 탐탁지 않게 여겨 등반객들의 산행을
방해하고자 주술을 부리는 듯했다.

험난한 코스를 30여 분 정도 헤쳐 나오니 마지막 관문이 놓여 있었
다. 바로 원숭이 머리 위에 오르는 길인데 흡사 원숭이의 목뼈를 연상
하게 하는 모양으로 양옆은 천 길 낭떠러지였다.

Baboon Rock (머리)

목뼈

바분락 목뼈 부분에서 찍은 풍경 사진

조심스레 한 걸음씩 내디뎌 결국 바분락에 오를 수 있었다. 원숭이 머리 위에서 주위를 빙 둘러보니 드라켄즈버그의 정상들이 나를 에워싸듯 펼쳐져 있었다.

아름다운 전경을 눈에 담고 다음 일정을 위해 숙소로 돌아왔다. 오후에는 근처 저수지에서 송어 낚시를 즐겼다.

남아공에 온 이후 바다낚시에서 항상 대어를 낚았기 때문에 자신감이 넘쳤지만, 플라잉 낚시는 내 적성이 아니었는지 두 시간 동안 송어를 한 마리도 잡지 못했다.

송어 낚시를 포기하고 숙소와 가까운 도린 폭포(Doreen Falls)에 다녀왔다. 이 폭포는 휴양을 위해 찾아온 노인 관광객들이 무리 없이 산책을 하는 코스로 유명했다.

양증맞은 모습의 도린 폭포

커시드럴 피크 호텔의 저녁 식사는 고풍스러운 식당에서 분위기 있게 즐길 수 있었다. 맛있는 음식에 호텔에서 직접 만든 와인을 곁들였다.

식사 후에는 호텔 바에서 술을 마셨는데 마침 일을 마친 호텔 직원들과 함께 술을 마시게 되었다. 피부색과 나이는 달랐지만, 드라켄즈버그를 사랑하는 공통된 마음으로 행복한 시간을 함께했다. 그렇게 드리켄즈버그에서의 3일째를 마무리했다.

커시드럴 피크 호텔이라는
라벨이 붙어 있고 가격도 저렴하다.

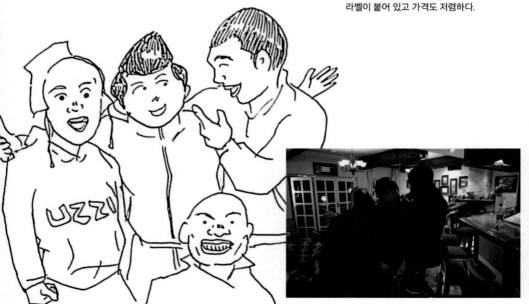

버섯 바위를 끝으로
여정을 마치다

드라켄즈버그에서의 4일째, 마지막 일정은 버섯 바위(Mushroom Rock) 트래킹이었다. 어제 갔던 바분락에 비해 힘들지 않다는 말에 큰 부담 없이 길을 나섰다. 가는 길이 평탄하여 여유롭게 대자연을 만끽했다. 맑은 하늘은 마치 새파란 물감을 하늘에 풀어 놓은 듯했다.

한 시간 정도 길을 걸어가자 저 멀리 버섯 모양의 바위가 눈에 띄었다. 신기하게도 버섯의 윗부분은 짙은 갈색의 암석이었고, 버섯 줄기는 흰색의 암석으로 구성되어 있어 멀리서 봐도 버섯처럼 보였다. 어렵지 않게 버섯 바위 아래에 도착해 오랫동안 휴식을 취했다.

4일간의 행복했던 드라켄즈버그에서의 여정은 그렇게 마무리되고 있었다. 조벅(요하네스버그)으로 떠나기 전 디디마 캠프 안에 위치한 디디마 락 아트 센터(Didima Art Rock Centre)를 관람했다.

이 박물관은 드라켄즈버그 지역에 살던 산족(San, 우리가 아는 부시맨)이 남긴 벽화를 전시하는 곳이다. 다수의 벽화에는 원시인들의 주요 사냥감이었던 일런드영양(Eland, 산양과 동물 중 가장 큰 종)이 묘사되어 있었다. 박물관 앞

디디마 캠프의 명물 일런드영양 조형물. 0.5t에 달할 정도로 거대하다.

에 대형 일런드영양 조형물이 있어 기념 촬영을 했다.

박물관 관람을 마치고 차를 몰아 조벅(요하네스버그의 애칭)으로 향했다. 너른 대지를 가로지르다 드라켄즈버그의 웅장한 자태가 훤히 드러나는 곳에 차를 세우고 산세를 감상했다. 그러다 자연 앞에 겸손해진다는 말이 떠올랐다. 드라켄즈버그에서의 4일은 남아공 여정 중 잊지 못할 또 하나의 울림을 선사해 주었다.

Tip

드라켄즈버그의 주요 봉우리는 아래와 같다. 타바나누토레냐나(해발 3,482m)가 최고봉이며, 이것은 레소토(남아공 내부에 있는 나라)에 위치한다. 다음으로 마파디(해발 3,450m), 마코아넴(해발 3,416m), 네수티(해발 3,408m), 샴페인 캐슬(해발 3,377m), 자이언츠 캐슬(해발 3,315m), 벤 막두이(해발 3,001m)가 있다.

PART 3

동물의 왕국
크루거 국립공원

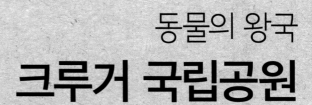

누군가 나에게 "남아공에서 반드시 가야만 할 장소를 하나만 추천하라?"고 한다면 망설임 없이 '크루거 국립공원'을 꼽을 것이다. 왜냐하면 야생에서 만난 동물의 모습은 우리네 삶의 축소판을 보는 듯했고, 그때 느낌.감흥은 내 인생의 어떠한 경험보다도 특별했기 때문이다. 머지않아 다시 남아공에 가게 된다면 가장 먼저 찾고 싶은 곳 역시 '크루거 국립공원'이다. 나에게 잊지 못할 추억을 선사한 그곳에서의 행복했던 여정을 돌이켜 본다.

빅 파이브를 보지 못한
아쉬운 여정

남아공 북동부에 위치한 크루거 국립공원(Kruger National Park)은 우리 나라의 경상도 크기와 맞먹는다(가로 60㎞, 세로 350㎞). 100년 전 조성된 이 공원은 트란스발 공화국(남아 공 성립 전 백인들이 세운 나라)의 초대 대통령 폴 크루거(Paul Kruger)의 이름을 따서 붙였다.

크루거 국립공원은 오랜 역 사만큼 사파리 운영이 체계적 이다. 공원 안에는 23개의 캠 프(숙식이 가능한 거점 지역)가 있어 방문객들이 편안하게 동물을 관찰할 수 있는 기회를 제공한다.

크루거 국립공원 입구에 설치된 폴 크루거 대통령 석상

첫 번째 방문에서는 아쉽게도 캠프의 예약이 완료되어 공원 밖에 있 는 은캄베니 사파리 캠프(Nkambeni Safari Camp)에 예약을 했다. 이 숙소는 친환경을 콘셉트로 디자인되어 텐트 형태로 만들어졌고, 가전제품(냉장 고, TV 등)은 일절 갖춰져 있지 않다. 조명도 최소화하여 어둠을 살짝 걷 어낼 정도였다. 다음 날 사파리 투어를 위해 일찍 잠자리에 들었다.

숙소에서 아침 식사를 마치고 차를 몰아 넘비 게이트(Numbi Gate, 야생 동물

들이 외부로 나가는 것을 방지하고 밀렵을 막
기 위해 총 9개의 게이트를 운영하고 있다)로
진입했다.

그리고 오래지 않아 대형 초
식 동물 중 하나인 워터벅(Wa-
terbuck)을 목격했다. 이어서 발
견한 동물이 옐로우 빌드 혼빌
(Yellow Billed Hornbill)이라는 희귀
조였다. 이때까지만 해도 수많
은 야생 동물을 볼 수 있을 것
이라 기대가 컸다. 그런데 아
쉽게도 이후 작은 초식 동물
몇 마리 외에는 아무것도 볼
수 없었다.

옐로우 빌드 혼빌

나중에 안 사실이지만, 사파리
를 찾은 7월은 남아공의 겨울로,
동물들의 이동이 상대적으로 적고
또한 사파리를 찾았던 오전 10시
는 동물을 관찰하기에는 너무 늦
은 시간이라는 것이다. 보통 새벽
6시쯤 사파리를 시작한다.

첫 사파리 투어는 빅 파이브(Big 5, 사자, 코끼리, 표범, 코뿔소, 버펄로, 원래 야생에서
사냥하기 힘든 다섯 가지 동물들을 의미했으나 언제부터인가 '사파리에서 보기 힘든 동물군'으로 의미
가 바뀜)를 한 종류도 보지 못한 영양가 없는 여정이었다.

야생 동물 서식지에서
맥주 한잔

아쉬움을 달래기 위해 야간 사파리(투어비 R546, 약 55,000원)에 참여했다.
야간 사파리는 육중한 몸체의 차량을 타고 강한 라이트를 사용해 동
물들을 관찰하는 방식이다.

야간 사파리 중간에는 동물의 서식지 근처에 내려 맥주를 마시는 스릴 넘치는 시간도 가졌다. 이때 방문객의 안전을 위해 총기로 중무장한 안전요원이 호위를 해준다.

야간 사파리에서도 빅 파이브는 만나지 못했다. 투어 가이드는 자신의 투어 경력(5년) 중 오늘처럼 동물이 나타나지 않은 건 처음이라고 말할 정도였다. 한마디로 아쉬움만 가득한 첫 사파리 투어였다.

동물이 출몰하지 않아 당황했던 가이드

야생 동물 대방출(?)
감동의 쓰나미가 몰려오다

첫 방문 후, 두 달이 지날 즈음 크루거 국립공원을 다시 찾았다. 이번에도 공원 캠프의 예약이 완료되어 공원에서 40분 거리에 위치한 헤이지 뷰(Hazy View)에 숙소를 잡았다. 숙소 도착 시간이 늦어 저녁 식사를 하고 잠자리에 들었다.

곤충 사파리를 연상하게 한 헤이지 뷰의 숙소

그런데 방안에 모기, 벌, 나방 등 곤충들이 출몰하여 잠을 방해했다. 마치 곤충 사파리에 온 것 같은 느낌이었다. 어찌 되었건 곤충들을 박멸하고 벌레들만큼 다양한 야생 동물을 볼 수 있기를 기원하며 잠자리에 들었다.

지난 여정에서 빅 파이브를 보지 못했기에 이번에는 빅 파이브와 만나기를 기원하며 새벽에 길을 나섰다. 지난번과 같이 넘비 게이트(Numbi Gate)를 거쳐 공원으로 들어갔다.

그리고 오래지 않아 감동적인 장면을 목격하게 되었다. 바로 빅 파이브 중 하나인 버펄로를 보게 된

오늘은 Big5 다 보게
해주세요.

것이다. 지난 여정에서 빅 파이브 털끝도 보지 못했기 때문에 차 밖으로 뛰어나가 안아 주고 싶은 심정이었다. 차마 그럴 수 없었지만….

참고로 이야기하지만 사파리 내에서는 차 밖으로 내리는 것을 엄격하게 금하고 있다. 언제 어디에서 야생 동물의 습격을 받을 수 있기 때문이다. 암튼 빅 파이브 멤버와의 첫 번째 만남에 연신 사진을 찍으며 순간을 기록했다. 어젯밤 곤충 사파리(?)가 좋은 징조를 예고하고 있음을 느낄 수 있었다.

사진기를 응시하는 녀석이 무리의 리더다. 리더는 항상 사주경계를 늦추지 않았다.

자리를 옮겨 30분 정도 나아가자 또 다른 멋진 광경이 펼쳐져 있었다. 바로 코뿔소가 출현했기 때문이다. 코뿔소는 장갑차를 연상하게 하는 외양과는 다르게 다소곳한 모습으로 풀을 뜯고 있었다.

풀 뜯는 모습이 평화로워 보인다.

평화로운 그 모습을 지켜보고 있노라니 밀레의 '이삭줍기'가 떠올랐다.

공원에 들어온 지 채 한 시간이 되기도 전에 빅 파이브 중 두 종류의 동물을 보게 되다니…. 지난번 방문과는 상반된 성과에 빅 파이브를 다 볼 수 있으리라는 기대감은 커져만 갔다. 이런 기대감에 부흥하듯 공원 안쪽으로 들어서자 임팔라, 얼룩말, 기린이 차례를 기다렸다는 듯 등장했다.

그리고 얼마 지나지 않아 도로를 가로지르는 코끼리 무리와 만났다.

십여 마리에 이르는 코끼리 떼는 새끼를 보호하며 숲 속을 향해 나아
갔다. 그때 느꼈던 위압감은 차마 말로 설명할 수 없을 정도였다. 그래
도 그들을 가까이서 촬영할 수 있어 겁은 났지만, 감동도 남다른 순간
이었다.

코끼리 무리를 지나쳐
차량들이 길게 늘어선 곳
이 있어 차를 몰아 가보았
다. 나무 위를 응시하는
방문객들의 시선을 따라가
자 빅 파이브 중에서 가장
보기 힘든 '표범'이 나무 위

에 누워 있었다. 입장 두 시간 만에 빅 파이브
중 네 번째 동물을 보게 되다니…. 마치 대자연
이 첫 여정의 아쉬움을 달래기 위해 동물들을
총출동시켜 놓은 것 같았다.

그렇게 동물 퍼레이드를 감상하다가 보니 점
심시간이 되었다. 마침 근처에 스쿠쿠자(Skukuza)
캠프가 위치하고 있어 그곳에서 식사를 했다.
야생 동물들을 본 감동으로 기분이 좋아서인지
식사 시간도 그 어느 때보다 즐거웠다. 더불어

시원한 맥주 한잔을 곁들이니 마치 천국의 한 지역을 누비는 것 같은
기분이었다.

식사를 마치고 오후 투어를 시작했다. 사파리에 진입하고 오래지 않

아 또 한 번 놀라운 광경을 목격했다. 그것은 바로 백수의 제왕 '사자'가 일행 앞에 나타난 것이다. 마치 연출이라도 한 듯 사자는 모델처럼 포즈를 취하고 있었다.

보통 사자는 수사자와 여러 마리의 암사자들이 무리 생활을 하는데, 일행이 목격한 사자는 홀로 있었던 거로 봐서 세력 다툼에서 밀려난 수사자처럼 보였다. 녀석의 모습을 보면서 중년 가장의 무거운 어깨가 떠오른 건 나만의 상상이었을까?

어쨌든 사자까지 목격함으로써 빅 파이브 멤버 모두를 반나절 만에 만나 보는 행운을 누렸다.

이날 빅 파이브 외에도 대형 초식 동물인 쿠두(Kudu)와 다양한 조류, 원숭이들을 관찰할 수 있었다. 하루 종일 다양한 동물들과 마주하며 생명의 신비로움을 느끼게 되는 하루였다. 이런 아름다운 대자연을 선물 받은 남아공 국민들이 한없이 부러웠다. 부러우면 지는 건데 오늘은 지는 것으로….

투어를 마치고 공원을 나가기 전, 공원 안에 있는 바오밥 나무를 감상하러 갔다. 놀랍게도 그곳에서 백골이 된 쿠두의 머리뼈와 얼마 전 숨을 거둔 임팔라를 목격할 수 있었다.

이 광활한 공원 내에서 매일 수많은 생명이 태어나고 또 생을 마감하고 있음을 실감할 수 있는 순간이었다.

이번 사파리 투어는 대자연이 내게 삶이 무엇인지 생각해 볼 여지를 남긴 의미 있는 여정이었다. 그렇게 크루거 국립공원에서의 두 번째 여정이 마무리되고 있었다.

비타민C가 마약?
그리고 백인 아저씨 습격 사건

지난 여정의 감동이 채 가시기 전, 약 한 달 만에 크루거 국립공원을 다시 찾았다. 그날의 감동을 재현하고 싶다는 막연한 바람이 나를 야생 동물의 천국으로 이끈 것이다.

이날은 이상하게도 요하네스버그에서 크루거 국립공원까지 이르는 길에 3번이나 검문을 받았다. 세 번째 검문에서는 일행이 가지고 있던 비타민C가 마약이 아니냐고 추궁을 받기도 했다. 마약이 아니라는 걸 확인시켜주기 위해 경찰이 앞에서 비타민C를 먹는 해프닝도 벌어졌다.

세심한 경찰의 검문 덕분에(?) 예정보다 2시간 늦게 크루거 국립공원에 도착했다. 이번에는 인터넷 예약을 통해 국립공원 내의 프리토리우스콥 캠프(Pretoriouskop Camp)를 숙소로 잡을 수가 있었다.

첫날은 시간이 늦어 일

'꽃보다 청춘 in 아프리카'에 나왔던 아프리카 바비큐 브라이

행과 브라이(Braii, 남아공의 바비큐 파티를 뜻함)를 하고 잠자리에 들었다.

새벽에 일어나 일행을 깨우고 장난도 칠 요량으로 일행 숙소의 문을 열어젖히고 뛰어들어갔다. 이불을 들치고 소리를 지르는 순간 난 얼음이 되고 말았다.

침대에는 일행이 아닌 백인 아저씨가 웃통을 벗고 주무시고 계신 거였다. 방 번호를 착각한 것이다. 나의 방 번호가 102호였고, 일행의 숙소가 101호였는데 실수로 103호 '아저씨 방'으로 들어간 것이다.

암튼 "Sorry!"를 연발하며 도망치듯 방에서 나왔다. 아마 그분도 그날의 추억(?)을 잊지 못하시겠지.

사파리계의
로또를 목격하다

넘비 게이트를 통해 다시 한 번 크루거 국립공원에 들어섰다. 지난번 방문과 마찬가지로 버펄로 떼가 우리를 맞이해 주었다. 특이했던 건 버펄로의 콧잔등에 찌르레기(Wattled Starling)들이 날아들어 몸에 붙은 기생충을 잡아먹는 모습이었다. 마치 두 동물이 대화를 나누는 듯한 모습은 디즈니의 라이언 킹의 한 장면을 그대로 재현하는 듯했다.

얼마 가지 않아 거대한 코끼리를 볼 수 있었다. 지금까지 크루거 국립공원에 와서 본 코끼리 중 가장 거대한 매머드급 사이즈였다. 머리 왼쪽 부분에 큰 흉터와 부러진 상아가 이 거대한 코끼리가 야생에서 얼마나 치열하게 살아왔는지 가늠할 수 있게 했다.

차를 몰아 공원 안쪽으로 들어갔다. 그때 놀라운 광경을 목격하게

되었다. 바로 표범이 나무에 몸을 기대고 일행을 응시하는 것이었다. 밤에 활동하는 표범은 낮에는 대부분 잠들어 있거나 휴식을 취하는데 이번에 목격한 녀석은 번뜩이는 눈초리로 사람들을 노려보는 모습이 인상적이었다.

표범을 관찰하고 점심 식사를 위해 로워 사비 캠프(Lower Sabie Camp)에 들렀다. 캠프에 도착해 주요 동물의 출몰 지도(효율적인 사파리 투어를 위해 방문객들이 자발적으로 목격 지점을 체크)를 보고 다음 이동 지역을 정했다. 로워사비 캠프에 위치한 식당은 강변에 지어져서 식사하면서 하마들과 악어들이 헤엄치는 모

출몰 지도는 동물의 이동 경로 파악에 유용하다.

습을 볼 수 있었다.

식사를 마치고 캠프 밖으로 나오자
하이에나 가족과 마주쳤다. 크루거
국립공원에서 하이에나를 본 건 처음
이어서 그들과의 만남이 더욱 반가웠
다. 어미 하이에나는 새끼 하이에나
들에게 장난을 걸며 시간을 보내고

식사를 하며 하마의 수중 쇼를 관람할 수 있다.

있었다. 그 모습을 보고 있노라니 다큐멘터리에서 교활한 사냥꾼으로
그려지는 그들의 이미지가 한결 우호적으로 바뀌게 되었다.

이후 한가롭게 풀을 뜯고 있는 코뿔소를 목격했다. 코뿔소는 현재 멸
종 위기에 처해있는데 이는 코뿔소의 뿔이 아시아 지역에서 고가의 약
재로 사용되기 때문이라고 한다. 그 결과 밀렵으로 멸종 위기에 처한
코뿔소. 그런 위험을 인지하지 못하고 평온하게 뿔을 뜯는 모습을 보
니 측은한 마음이 배가 되었다.

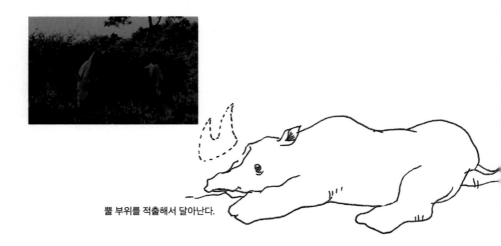

뿔 부위를 적출해서 달아난다.

숙소로 돌아가기 전 다양한 동물들이 우리에게 다가왔다. 멋진 포즈
를 취해준 얼룩말 무리, 황혼을 물끄러미 바라보았던 쿠두, 새끼들과 오
붓한 시간을 보내는 하이에나, 애써 시선을 외면하던 멧돼지 등.

그런 도중 정말 귀한 손님을 맞이했다. 바로 땅코뿔새(그라운드 혼빌,
Ground Hornbill)가 나타난 것이다. 땅코뿔새는 멸종 위기종으로 공원 내에
서 발견하게 되면 관리 담당자에게 연락을 해야 할 정도로 목격 자체
가 힘든 동물이다.

땅코뿔새는 우리 차 주변을 한참 동안 거닐다가 숲 속으로 유유히 사라졌다. 반가운 손님이 떠나고 우리의 이틀째 일정도 마무리되었다.

조벽으로 돌아가는 날, 장시간 운전을 해야 하기 때문에 아침 일찍 공원 밖으로 차를 몰았다. 큰 기대 없이 공원 밖으로 나가는 길에 일행은 엄청난 장면을 목격하게 된다. 그것은 바로 '사파리 계의 로또'라 할 수 있는 치타를 그것도 가까운 거리에서 목격했기 때문이다.

치타는 드넓은 크루거 국립공원에서도 개체 수가 많지 않아 남아공에 사는 사람들도 목격하기 힘든 동물이다. 우리 앞에 나타난 치타는 팬서비스를 하듯 10여 분간 재롱을 떨다가 자리를 떠났다.

남아공 체류 기간 중 마지막으로 방문한 크루거 국립공원. 대자연은 내게 마지막까지 큰 선물을 안겨 주었다. 대도시 서울에서 치열한 삶을 살고 있는 지금, 언젠가 그곳으로 떠나겠다는 희망을 키워 가고 있다. 그때는 어떤 녀석들이 나를 맞이하러 나올까? 벌써 기대된다. 오래지 않아 크루거 국립공원을 다시 달릴 것이다. 반드시!

Tip

크루거 국립공원 제대로 즐기기

크루거 국립공원을 알차게 관람하기 위해서는 캠프 시설을 효율적으로 이용해야 한다. 전 세계적으로 유명한 관광지인 만큼 예약은 필수다. 남아공 여행, 특히 크루거 국립공원을 방문할 예정이라면 서둘러 예약하기 바란다.

또 하나의 작은 팁으로 공원 내에서 동물을 손쉽게 찾는 방법은 캠프에서 출발하는 투어 차량을 이용하는 것이나, 투어 차량을 따라다니는 것이다. 투어 버스의 운전자들은 동물이 출몰하는 지역을 누구보다 잘 알고 있기 때문이다.

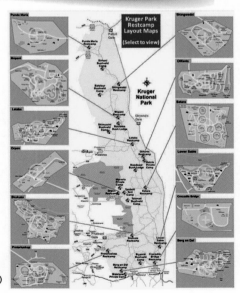

이 지도는 크루거 국립공원 공식 홈페이지에서
다운로드받을 수 있다.(www.krugerpark.co.za)

PART 4

팔색조의
아름다움을 지닌
가든 루트

남아공에는 수많은 관광 명소가 산재해 있다. 그래서 남아공을 여행한 사람들마다 남아공 최고의 관광지에 대한 의견이 다를 것이다. 누군가는 관광 명소인 케이프타운을, 또 다른 누군가는 대자연이 살아 숨 쉬는 드라켄즈버그를 꼽을 것이다.

그렇지만 남아공의 여행지 중 가장 다채로운 곳을 꼽으라고 한다면 대부분의 사람들은 '가든 루트(Garden Route)'라고 답할 것이다.

가든 루트의 범위는 출처에 따라 약간씩 다르다. 어떤 책에서는 고래의 도시 허마너스부터 포트 엘리자베스까지라고 말하고, 또 어떤 온라인 사이트에서는 바르톨로뮤 디아스가 닻을 내렸던 모셀베이를 출발점으로 보기도 한다.

그렇지만 가든 루트를 두 번 다녀온 필자의 의견은 케이프타운부터 남아공 남부 해안 도로를 타고 포트 엘리자베스까지 이르는 전체 구간이 가든 루트라고 생각한다. 왜냐하면 이 지역의 해안 도로, 거점 도시, 내륙의 관광 명소는 어느 것 하나 그냥 지나칠 수 없는 '특별함'을 지니고 있기 때문이다.

다양한 민족과 문화로 무지개 나라로 불리는 남아공, 그 이름에 어울리는 팔색조의 매력을 지닌 가든 루트. 여행가라면 평생 꼭 한 번은 와봐야 할 필수 코스라고 자신 있게 말하고 싶다.

게이 전용
게스트 하우스에서의 하룻밤

　총 7일로 진행될 가든 루트에서의 여정에서 나름의 여행 기준을 마련했다. 그것은 바로 관광객들에게 잘 알려진 명소와 상대적으로 알려지지 않은 관광지를 두루 섭렵하는 것이다.

　이런 기준을 만든 이유는 남아공을 여행하며 겪었던 수많은 추억들 중 유명 관광지에서 얻은 것보다 숨겨진 곳에서의 추억이 더욱 소중하게 느껴졌기 때문이다.

　또 하나의 이유는 인터넷과 안내 책자를 통해 이미 많은 이들이 자취를 남긴 여행지보다 나만의 여행 경로를 경험하고 싶었기 때문이다.

　오후 비행기로 케이프타운에 도착해 차를 빌렸다. 이번 여정의 첫날은 케이프타운에서 필요한 물품 구입, 여행 목적지 확정 그리고 2~3일치 숙박 시설 예약이었다.

　남아공을 여행할 때 성수기를 피해 가면 여행 앱을 통해 저렴한 숙박 시설을 예약할 수 있다. 굳이 모든 숙박 시설을 예약하지 않아도 된다.

　필자가 가든 루트로 여행을 떠난 8월은 남아공의 겨울로, 숙박 및 각종 편의 시설의 이용료가 가장 저렴한 때였다. 그래서 앞으로의 여정을 준비하기 위해 케이프타운에서 하루를 머물 예정이었다.

　체크인까지 시간이 남아서 워터 프런트에 가서 남아공 일일 관광 투어 버스를 이용하기로 했다. 가든 루트 여행 후, 케이프타운은 따로 여행 계획이 있었기 때문에 그 전에 투어 버스를 타고 미리 답사를 진행해 보기로 한 것이다.

참고로 투어 버스의 이용 포인트는 노벨 평화상 수상자 4인의 동상
이 있는 광장 옆쪽에 있었다.

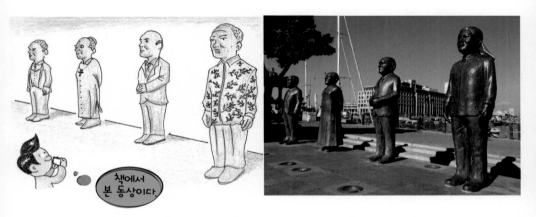

투어 버스는 며칠에 걸쳐 돌아봐야 할 케이프타운의 주요 관광지를

불과 두 시간 만에 '족집
게 과외'하듯 누비고 다녔
다(정차 포인트에 내려서 주변을 관
광하고 다시 버스를 이용할 수 있다).

버스 투어를 마치고 숙
소에 체크인을 했다. 안
내를 맡은 게스트 하우스
직원의 말투가 상당히 여
성스러웠다.

체크인을 하고 있는데 게스트 하우스 매니저가 다가와 인사를 했다. 근데 이상하게도 매니저의 말투 역시 남성의 굵은 톤이 아니었다.

'뭐 그럴 수 있지.'라고 생각하며 방안에 들어섰다. 그러다 문득 테이블 위에 놓인 잡지를 보게 되었다. 그리고 순간 얼음이 되어 버렸다.

그것은 바로 게이를 위한 전문 잡지였기 때문이다.

그래도 설마 하는 마음으로 게스트 하우스 1층에 있는 바(Bar)로 나가 보았다. 그곳에 가서 난 또 한 번 얼어버릴 수밖에 없었다. 바에서

몇 명의 남성들이 서슴없이 술을 마시며 애정 표현을 하고 있는 거였다. 크게 놀랐지만 아무렇지 않은 척하며 방으로 돌아왔다.

그리고 인터넷 사이트를 통해 이곳이 성소수자들을 위한 전용 게스트 하우스임을 알게 되었다. 물론 그들에 대한 선입견을 가지고 있진 않지만, 예약 과정에서 세세히 살피지 않아 벌어진 에피소드에 놀람을 금치 못하는 상황이었다.

출발부터 예사롭지 않은 가든 루트의 여정은 이렇게 시작되고 있었다.

프링글 베이에서
대장정을 시작하다

760㎞에 달하는 가든 루트의 여정을 시작하는 날, 대장정이 시작되고 오래지 않아 자동차 타이어가 터지고 말았다. 렌터카 업체에 연락을 하고 타이어를 교체하는데 반나절이 지나갔다.

남아공 생활에 익숙해진 터라 시간이 지체되는 것도 여행의 일부로 받아들여졌다. 여행 계획에 약간의 차질이 생겼지만 이미 남아공 여행에서 산전수전 공중전까지 경험했기에 마음의 동요 없이 첫 목적지인 프링글 베이(Pringle Bay)로 향했다.

케이프타운을 거쳐 프링글 베이로 가는 해안도로는 숨이 막힐 정도로 아름다웠다. 그렇지만 운전하는데 위험도 뒤따랐다. 절벽을 깎아 만든 도로는 차 두 대가 왕복으로 다닐 정도의 공간만 있어 자

칫 실수를 하면 대형 사고로 이어질 수 있었다.

절벽 도로를 지나 숙소에 도착했다. 그리고 바로 석양을 감상하기 위해 프링글 베이의 해변으로 나갔다. 프링글 베이에서 바라본 석양은 '힐링' 그 자체였다.

케이프 반도의 산 위에 걸친 붉은 태양의 모습은 앞으로 느낄 가든 루트에 대한 예고편을 보고 있는 듯했다.

가든 루트에 이제 막 들어섰는
데 감탄의 연속이라니 앞으로 있
을 '더 대단한 여정'에 대해 기대
하며 저녁 식사를 위해 숙소로
돌아왔다.

저녁 식사는 게스트 하우스
주인아주머니가 추천해 준 동네
최고의 맛집 365 비스트로(Bistro)에서 먹었다. 스테이크에 가브리엘스
크루프(Gabrielskloof)라는 와인을 마셨는데 저렴한 가격대에 맛까지 일
품이었다.

펭귄과 고래가
날 반겨주다

일몰과 다른 매력을 지닌 프링글 베이의 일출 직후 모습

아침에 일어나 해변에 나가 일출을 감상했다. 실타래처럼 하늘에 홀홀 풀린 구름의 모습이 특히 인상적이었다. 어제저녁 붉게 물든 석양으로 나를 황홀경에 빠지게 했던 모습과는 다른 매력이 느껴졌다.

일출 감상 후, 숙소에서 체크아웃을 하고 길을 나섰다. 가든 루트 여행 이틀째, 첫 목적지는 아프리카 펭귄들의 서식지였다.

스토니 포인트(Stony Point)라고 불리는 곳으로 남아공 정부는 1982년부터 현재까지 80여 개의 펭귄 서식지를 만들었다. 서식지에 들어서자 펭귄들의 귀여운 모습에 웃음을 지을 수밖에 없었다. 그중에서도 무리를 지어 뒤뚱뒤뚱 뛰어다니는 모습은 정말 깨물어 주고 싶을 만큼 귀여웠다.

아프리카 펭귄들의 재롱잔치를 관찰하고 이번에는 거대한 고래를 만나기 위해 길을 나섰다. 고래의 도시 허마너스(Hermanus)에 다다랐을 무렵 벼룩시장이 열리고 있었다.

허마너스의 벼룩시장은 매주 토요일 오전 9시부터 오후 1시까지 열린다. 시장에서는 집에서 직접 만든 음식, 그림, 장식품 등 다양한 제품들이 거래되고 있었다.

시장에서 수제 햄버거로 요기도 하고 기념

기념품으로 구입한 소금, 후추통

품도 구입했다. 시장을 돌아본 후, 고래 관찰을 위해 전망대가 위치한
시내 방향으로 자리를 옮겼다.

　운 좋게도 가든 루트를 여행하던 시기가 고래가 출몰하는 남아공의
겨울(한국과 반대로 8월이 한겨울이다. 물론 한국의 겨울처럼 춥지 않다. 늦가을 날씨 정도)이어
서 고래를 볼 수 있으리라는 기대를 했다.
　허마너스는 지형적으로 거대한 원 모양의 만이 내륙으로 들어와 있
는 형세다. 또한 자연 방파제가 형성되어 있어 파도가 강하지 않아 고
래들이 짝짓기 장소로 최적의 조건이라고 한다. 그래서 배를 타고 바다
로 나가지 않고 내륙에서 고래의 모습을 관찰할 수 있는 지역으로 유
명하다.

　전망 포인트 주변에 이르자 '뿌웅' 하는 나팔 소리가 들렸다. 허마너
스로 출발하기 전 관광 안내 책자에서 읽은 내용이 떠올랐다. '허마너
스의 고래 관찰원들은 고래가 출몰하면 나팔로 관광객에게 알린다.'라
는….

기대를 안고 바다로 시선을 돌리자 엄청난 광경이 눈앞에 펼쳐졌다.
초대형 혹등고래가 마치 연출이라도 한 것처럼 점프와 꼬리질을 하고 있었다(이런 행동을 브리칭(Breaching)이라고 한다). 먼 거리에서 보는 게 아쉬웠지만 거대한 고래의 퍼포먼스는 보는 이들의 탄성을 자아내기에 충분했다.

혹등고래가 브리칭을 하는 이유
는 아직 확실하게 밝혀지지 않았
다고 하는데 먹잇감을 혼절시키거나
몸에 붙은 기생 어패류를 떼어내기
위한 것이라고 추측하고 있다.
신기한 것은 고래 관찰원들이 고
래가 점프할 때 한 치의 오차도 없

이 나팔을 불어주는 모습이었
다. 물거품과 물속 고래의 형상
을 보고 예고한다고 하는데, 일
반인인 내가 아무리 눈을 부릅
뜨고 보아도 전혀 징후를 읽을
수가 없었다. 역시 모든 분야에
는 전문가가 있다는 걸 새삼 느

낄 수 있었다.

고래의 춤을 한동안 감상하고 주변에 있는 고래 박물관에 들러 전시품을 감상했다. 박물관의 한 전시실은 빌 셀커크(Bill Selkirk)라는 전설의 낚시왕을 위한 특별 전시실로 꾸며져 있었다.

그는 1883년 킴벌리(남아공 내륙지역에 위치한 도시)에서 태어나, 1962년 이곳에서 숨질 때까지 수많은 낚시 기록을 수립했다. 그중에서도 눈에 띄었던 건 세계 최대 크기의 식인상어를 줄낚시로 잡았다는 내용이 기록된 상어 턱뼈 전시물이었다.

낚시왕 빌 셀커크가 낚싯대로 잡아 올렸다는 식인상어의 턱뼈 전시물

허마너스에서의 일정을 마무리하고 아프리카 대륙의 땅끝 마을 아굴라스(Agulhas)로 향했다. 아굴라스로 향하는 도로 옆으로 유채꽃이 흐드러지게 피어있었다. 그 규모가 한국에서봐왔던 꽃밭 정도가 아니라마치 유채꽃 대륙(?)이라고해도 과언이 아니었다.

노란색과 보흐색이 어우러진 스투르이스바이의 일몰 풍경

아굴라스 근처 스트루이스바이(Struisbaai)에 위치한 식당에 들러 저녁 식사를 하고 해 질 녘 풍경을 감상했다. 식당 종업원의 말에 의하면 날이 따뜻해지면 식당 앞 해변에 대형 가오리가 출현한다는 것이었다. 겨울이라 그럴 가능성이 적어 아쉬웠지만, 고래를 본 추억으로 아쉬움을 대신했다. '역시 신은 모든 걸 한꺼번에 주지 않는구나.'라는 생각이 들었다.

스트루이스바이의 일몰은 분홍빛이 도는 또 다른 아름다움이 느껴졌다. 가든 루트의 일몰과 일출이 왜 특별한 것인지 조금씩 이해해 가고 있다. 내일은 또 어떤 신비로운 색감이 내게 전해질까?

아프리카 대륙의 최남단 아굴라스를 거쳐
남아공 속의 작은 네덜란드 스웰렌담으로

가든 루트 여정 3일 차, 아침에 일어나 숙소 주변 해변을 산책했다. 붉은색으로 하늘을 채색하며 떠오르는 태양은 사람들이 왜 가든 루트의 일출과 일몰에 경탄을 금치 못하는지 이유를 답해주는 것 같았다. 일출을 감상하고 아프리카 대륙의 최남단 지점(The Southernmost Tip)으로 향했다.

하늘이 불타는 듯했던 아굴라스의 일출

등대지기가 지키지 못한 딸 데이지의 무덤과 아굴라스 등대

최남단 지점으로 가는 길에 보수가 진행 중인 등대를 발견할 수 있었다. 1849년 남아공 역사상 두 번째로 지어진 이 등대는 파도를 헤쳐나가는 배들에 생명줄과 같은 역할을 담당했다.

또한 이 등대에는 슬픈 이야기가 전해지는데, 이곳에 상주하던 등대지기와 가족에 대한 이야기였다.

때는 1899년 영국과 보어인과의 전쟁이 심화되면서 등대지기는 정부로부터 임금을 받지 못하게 되었고, 그 결과 등대지기의 어린 딸 데이지(Daisy)가 생후 7개월 만에 영양실조로 생을 마감하게 된다.

딸을 사랑했던 등대지기는 자신이 일하는 등대 옆 공터에 아기의 묘를 만들게 된다. 등대 주변 관광 안내소에서 근무하는 할머니 가이드는 열정적으로 등대에 얽힌 이야기를 전해 주었다.

등대를 둘러보고 아프리카 최남단 지점으로 향했다. 그곳에 도착하자 한 무리의 중국인 관광객들이 자리를 잡고 있었다.

보통 사진 촬영하고 다른 관광객에게 자리를 양보하는 게 암묵적인 룰(Rule)이었는데, 그들은 다른 관광객들은 신경도 쓰지 않고 그 자리를 독점했다.

그들은 20여 분간 '그들만의 시간'을 갖고서야 자리를 떴다. 여행을 다니면서도 매너가 얼마나 중요한 것인지 중국인 관광객들의 모습을 보며 깨달을 수 있었다.

아프리카 대륙의 최남단에 흔적을 남기다.

암튼 우여곡절 끝에 아프리카 대륙의 최남단 지점에서 기념 촬영을 했다. 그리고 아굴라스 국립공원에 들렀다. 공원 안쪽으로 들어가자 거센 파도에 난파된 선박이 눈에 띄었다. 난파선을 보니 이 지역의 파도가 얼마나 거센지 추측할 수 있었다.

혼자 신나서 아굴라스 해변의 난파선을 배경으로 한 컷

공원에서 트래킹을 즐기고 다음 목적지인 스왈렌담으로 향했다. 앞서 서두에서 밝혔듯이 뭔가 새로운 경험을 위해 대다수의 관광객들이 이용하는 해안도로 대신 내륙 도로를 이용해 동쪽으로 나아갔다.

그래서 다음 목적지로 스왈렌담(Swellendam)을 선택했다. 한 시간 반가량 차를 몰아 스왈렌담에 도착했다. 이곳은 1747년 네덜란드인들이 남아공 내륙 지방에 정착할 당시 건축물이 고스란히 남아 있는 고건축 보호 지역이다.

이런 고건축들은 메이빌 하우스 뮤지엄(Mayville House Museum)이라는 이름으로 방문객들을 맞이하고 있다. 마을 전체에 산재해 있는 건축물을 하나둘 방문하다 보면 어느새 스왈렌담의 역사를 이해하게 된다.

박물관 관람을 마치고 나서 마을을 다시 한 번 둘러보았다. 그러자 동인도 회사를 설립하고 남아공을 개척했던 네덜란드인들이 이곳에 자리를 잡고 삶의 터전을 개척하던 옛 모습이 눈앞에 그려지는 듯했다.

네덜란드의 한 시골 마을에 와있는 듯한 착각에 빠지게 한 스왈렌담

스왈렌담에서의 일정을 마무리하고 바르톨로뮤 디아스가 1448년 상륙했던 모셀 베이를 향해 길을 떠났다.

역사의 현장 모셀 베이에서
바르톨로뮤 디아스를 만나다

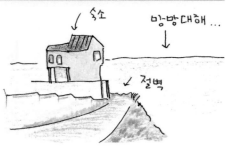

모셀 베이(Mossel Bay)로 가는 내내 기분이 좋았다. 왜냐하면 그곳에 가면 그간 먹고 싶던 석화를 원 없이 먹을 수 있기 때문이다. 참고로 남아공의 모셀 베이와 나이즈나는 생석화 요리가 유명한 지역이다.

두 시간을 운전해서 숙소인 다나 베이 게스트 하우스(Dana Bay Guest House)에 도착했다. 숙소가 위치한 곳이 절벽 위라서 창밖을 보면 마치 바다 위에 떠 있는 것 같은 착각에 빠지게 했다.

짐을 풀고 저녁 식사를 위해 밖으로 나오는 순간 모셀 베이의 멋진 일몰에 입을 다물 수가 없었다. 붉은 양탄자

가든 루트 여정 중 가장 인상적이던 모셀 베이의 일몰 모습

를 하늘에 펼쳐놓은 것 같은 독특한 모습은 지금까지 살면서 본 일몰 중에 가장 특이한 형태였다. 오늘도 가든 루트의 하늘은 나를 실망시 키지 않았다.

게스트 하우스 아주머니가 저녁 식사를 위해 모셀 베이의 가넷(Gan-net)이라는 식당을 예약해 주셨다. 그곳에서 메뉴를 추천받아 석화와 대구 튀김(Hake and Chips)을 먹었다. 석화 요리에는 망고가 얹혀 나왔는 데 어울릴 것 같지 않은 두 재료의 앙상블은 기대 이상이었다.

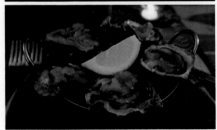

굴과 망고의 조합이 비릴 것 같지만 오히려 굴의 맛을 배 가시켰다.

아침에 일어나 바르톨로뮤 디아스 박물관으로 갔다. 이 박물관은 디아스가 남아공에 상륙했던 범선의 실제 크기 모형이 전시된 것으로 유명하다.

이 범선은 포르투갈 정부가 바르톨로뮤 디아스 상륙 500주년을 기념해 제작하여 항해를 통해 남아공에 기증한 것이다.

전시관은 지하 1층, 지상 2층으로 구성되어 있는데 그 중앙에 범선을 배치하여 관람객들이 관람하는 내내 범선을 접할 수 있게 해놓았다.

스페인 바르셀로나를 여행했을 때 찾았던 미로 미술관의 큰 걸개그림을 2개 층에 걸쳐 전시해 놓았던 전시 기법이 떠올랐다. 우리나라로 치면 인사동의 쌈지길 건물과 흡사한 구조다.

박물관에는 유럽의 대항해 시대와 관련된 다양한 전시물(난파선 인양물, 당시 지도, 나침반 등)이 눈길을 끌었다.

그중에서도 유럽인들이 묘사한 아프리카의 동물 그림은 실제 모습보다 과장되게 표현된 것이 인상적이었다. 예를 들어 코뿔소는 갑옷을 입은 것같이 묘사되어 있다. 난생처음 접하는 기괴한(?) 동물을 보고 놀

모셀 베이에서 파도타기를 즐기고 있는 서퍼

란 마음에 그림을 그렸던 것이리라.

로봇처럼 그려 놓은 코뿔소

박물관 관람 후, 해변을 따라 트래킹 코스를 걸었다. 바다에서는 서퍼들이 파도에 몸을 싣고 즐거운 시간을 보내고 있었다. 그런 그들의 모습을 보면서 계속 걷다 보니 보어전쟁 위령비가 눈에 들어왔다.

그리고 그 옆길로 올라가자 지층이 뒤틀려 만들어진 동굴이 보였다. 동굴은 좌우 한 쌍으로 입구가 있어 마치 거대한 생명체의 콧구멍을 연상하게 했다.

그래서 나만의 이름을 지어 보았다. 그것은 바로 '악마의 콧구멍'! 설령 다른 지명이 있다고 해도 내가 이곳을 찾을 때는 악마의 콧구멍으로 부를 것이다.

악마의 콧구멍을 지켜보고 돌아오는 길에 누군가 날 보고 있는 것 같아 절벽 위를 보니 하이랙스 무리가 작당 모의를 하고 있었다. 홀로

'악마의 콧구멍'이라고 명명한 모셀 베이의 거대한 동굴 지대

여행을 다녀도 불쑥 뛰어나오는 동물 친구들 덕분에 외로움을 느낄 겨를이 없다. 다음 여정에서는 또 어떤 녀석들이 날 맞이할지 기대가 되었다.

남아공 여정 중 종종 만났던 나의 절친 하이랙스 가족

신이 정성 들여 만든 공예품
_캉고 케이브

또 다른 여정을 위해 모셀 베이를 떠났다. 이번에 방문할 곳은 석회암 동굴인 캉고 케이브(Cango Caves)다. 모셀 베이에서 약 2시간 정도 걸려 캉고 케이브에 도착할 수 있었다.

동굴 투어는 가이드의 안내를 따라 동굴을 관람하는 헤리티지 투어(Heritage Tour, 입장료 R85, 약 8,500원)와 동굴의 숨겨진 비경을 직접 탐험하는 어드벤처 투어(Adventure Tour, 입장료 R105, 약 10,500원)가 있다. 마음 같아서는 어드벤처 투어를 경험하고 싶었지만 어드벤처 투어는 예약이 마감되어서 헤리티지 투어에 참여했다.

이미 조벅 주변에 위치한 인류의 요람(스테르크폰테인 동굴)을 다녀온 후라 큰 기대를 하지 않았다. 석회암 동굴이라고 하면 큰 차이가 없을 것이라고 예측했기 때문이다.

그런데 출발 지점인 반 질스 홀(Van Zyl's Hall)에 들어서는 순간 말을 잊지 못하게 되었다. 캉고 케이브의 스케일은 그간 봐왔던 석회암 동굴과는 비교가 되지 않을 정도로 엄청났다. 종유석의 형태와 색깔도 마치 누군가가 직접 조각하고 채색을 해놓은 것처럼 보였다.

이후 보타스 홀(Botha's Hall), 레인보우 챔버(Rainbow Chamber), 브라이들 챔버(Bridal Chamber), 페일리 랜드(Fairly Land), 드럼 룸(Drum Room) 등을 거치며 '석회암 동굴이 이렇게 아름다울 수 있구나.' 하며 감탄을 금치 못했다.

캉고 케이브의 종유석들은 신이 만든 정교한 공예품 같았다.

캉고 케이브의 멋진 추억을 가슴에 새기고 다시 가든 루트의 여정을 시작했다. 다음 목적지는 남아공 제1의 휴양 도시 나이즈나(Knysna)였다.

난생처음 요트에서
샴페인과 석화를 먹은 날

나이즈나에 도착해 숙소를 잡고 시로코(Sirocco)라는 식당으로 저녁을 먹으러 갔다. 식당으로 가는 길에 석양이 펼쳐져 있었다. 다른 지역보다 붉은 기운은 덜했지만 휴양 도시 나이즈나의 포근한 분위기를 대변하듯 분홍빛으로 변하는 모습이 아름다웠다.

휴양 도시 나이즈나의 일몰을 보는 순간 푸근함이 느껴졌다.

시로코가 인상적이었던 건 음식의 맛도 좋았지만 숙소에서 식당까지 픽업 서비스를 제공한다는 거였다. 왠지 한국에 온 것 같은 푸근한 느낌이랄까?.

모셀 베이에서 즐겼던 석화를 나이즈나에서도 주문했다. 그간 먹고 싶던 석화를 이틀에 걸쳐 원 없이 먹었다.

재미있는 사실은 남아공 사람들도 우리와 비슷하게 석화를 즐긴다는 것이다. 우리가 석화에 초고추장을 뿌리고 생마늘, 고추를 곁들여

신선한 나이즈나 석화

먹듯이 남아공에서는 초고추장 대신 타바스코소스와 레몬즙을 사용하고 나머지 부재료(마늘, 고추)는 동일하게 얹어서 먹는다(단, 마늘은 올리브유에 담가 먹는다).

다음 날 일정은 번화가인 나이즈나 워터 프런트에서 시작했다. 워터 프런트에는 크루즈 투어, 요트 투어, 바다낚시 등 다양한 프로그램이 준비되어 있었다.

흐린 날씨 때문인지 투어를 즐기는 관광객이 많지 않았다. 처음에는 크루즈 투어를 이용하려고 했다. 그러다가 요트 투어 일정표를 보는 순간 마음을 바꿨다.

'오늘이 아니면 언제 나이즈나에서 요트 투어를 해보겠어?'라는 생각

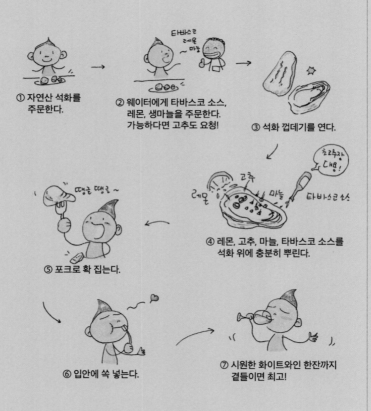

석화 맛있게 먹기

① 자연산 석화를
주문한다.

② 웨이터에게 타바스코 소스,
레몬, 생마늘을 주문한다.
가능하다면 고추도 요청!

③ 석화 껍데기를 연다.

④ 레몬, 고추, 마늘, 타바스코 소스를
석화 위에 충분히 뿌린다.

⑤ 포크로 확 집는다.

⑥ 입안에 쏙 넣는다.

⑦ 시원한 화이트와인 한잔까지
곁들이면 최고!

이 들었기 때문이다. 요트 투어를 예약하러 갔는데, 흐린 날씨 때문인지 아직 한 명도 투어를 신청하지 않았고 30분 안에 추가 신청자가 없으면 운행이 불가능하다고 했다.

요트 투어 체험이 물 건너갔다고 생각할 무렵 행운의 여신은 내게 웃음을 지어 보였다. 프랑스에서 여행을 온 에밀리라는 친구가 요트 투어를 예약한 것이다.

에밀리와 함께 요트 투어 티켓을 끊으며 놀라움을 금치 못했다. 요트 투어 2시간, 샴페인 한 병, 거기다 석화 한 접시까지 인당 단돈 8만 원이었기 때문이다.

요트에 올라 선상 위에 쿠션을 놓고 샴페인을 음미했다. 요트가 마치 내 소유인 것처럼, 세상이 다 내 것인 양… 약간 거만한 표정도 지어 보며 삶의 여유를 만끽했다. 요트가 해안으로 나아갈 때 놀라운 일이 벌어졌다.

요트 투어 2시간 + 샴페인 한 병 + 석화 한 접시 = 이 모든 게 8만 원!

바다표범(Seal)이 갑자기 나타나 가오리를 사냥하는 것이었다. 가오리를 물어서 허공으로 던지고 물어뜯는 모습은 해양의 사파리를 연상하게 했다.

'사냥쇼'를 관람하고 선상에서 신선한 굴과 샴페인을 즐겼다. 요트가 나이즈나의 명소인 헤즈(Heads) 주변을 지날 때 흐렸던 날이 다시 맑아지고 있었다.

흐린 날씨로 인해 출항 자체가 불투명했던 투어가 개인 요트 투어처럼 된 결과를 보여주는 듯했다. 프랑스 친구 에밀리와 기분 좋게 건배를 하며 서로의 여정에 행복이 함께하기를 기원해 주었다.

이후 요트 투어 때 먼발치에서 바라본 더 헤즈(The Heads)에 직접 가보았다. 그곳에서는 인도양이 한눈에 들어오는 절벽에 기대 경치를 감상했다.

나이즈나 여행은 석화와 함께한 여정이었다.

나이즈나의 명소 헤즈에서 바라본 풍경

내게 있어 행복한 여정의 마무리는 '맛집 탐방'이다. 그런데 이날 저녁 식사는 맛집은커녕 남아공 여정 중 최악의 식사였다. 식전 음식(Stater)으로 주문한 하몽 세트(임팔라, 악어, 소고기를 숙성시킨 햄 종류)는 비린 맛이 너무 강했고, 식사로 주문한 닭 가슴살 스테이크 역시 식재료가 신선하지 않았는지 먹는 내내 거북한 느낌이 들었다.

음식을 채 반도 비우지 않고 자리를 뜨려 하자, 주인이 자리로 찾아와 서비스로 와인과 가벼운 먹거리를 제공했다. 그런데 이마저 손이 가지 않는 맛이었으니, 순간 누군가 몰래카메라를 찍고 있는 건 아닌가? 하는 생각이 들 정도였다. 숙소로 돌아와 남아공 컵라면에 매운 고추(청양고추와 비슷하다)를 듬뿍 넣어 먹고 아쉬움을 달랬다.

　요트 투어와 더 헤즈 투어로 기분이 상기 되었던 순간 '최악의 저녁'이 기분 좋은 피날레를 망쳐 놓았다. 긍정 에너지가 넘치는 나였지만 이날 저녁은 정말 최악이었다. 시간이 흐른 지금도 그때 기억을 떠올리면 얼굴이 찡그려진다.

　뭐 어찌 됐건 평생 잊지 못할 추억 하나를 가졌으니 이 또한 기쁘지 아니한가!

서핑의 메카 제프리스 베이에서
승마를 즐기다

가든 루트 여정 6일째, 오늘 여정의 목적지는 세계 5대 서핑 메카 중 하나인 제프리스 베이(Jeffreys Bay)다. 욕심 같아서는 서핑을 직접 체험해 보고 싶었지만, 계절이 겨울임을 감안하여 다른 액티비티를 찾아보았다.

그래서 서핑 대신 해변 승마를 즐기기로 했다. 인터넷을 통해 제프리스 베이의 승마를 검색해 보니 투어에 참여했던 관광객들의 추천글이 구미를 당겼기 때문이다.

"환상적인 해변 풍경을 잊지 못할 것 같다.", "승마 초보도 박진감 넘치는 승마를 즐길 수 있다." 등 한 번도 승마를 경험해 보지 못한 나의 기대감은 커져만 갔다.

인터넷을 통해 파피에스 폰테인 해변 승마(Papies Fontein Beach Horse Rides)에 예약을 했다. 아침 9시, 승마장에 도착해서 승마용 모자를 쓰고 말의 지정되기를 기다렸다. 내가 타게 될 말은 상당히 약해 보였지만 선택의 여지가 없었기에 그냥 말에 올랐다.

힘이 없어 보였던 내 말

승마 투어 초반은 단조롭고 지루했다. 계속해서 이어지는 숲길과 멀리 보이는 바다. 그렇게 심심한 시간이 이어질 때쯤 '인터넷 댓글에 낚인 것 같다'는 불안한 마음이 엄습해 왔다.

새파란 캔버스에 흰색 물감으로 획을 그은 듯한 제프리스 베이의 풍경

그렇게 30여 분을 나아갔을까. 숲길을 지나쳐 모래 언덕에 오르자
일행 앞에는 기다리고 기다리던 멋진 풍경이 펼쳐져 있었다.

말의 진행 방향을 기준으로 좌측은 굽이쳐 흐르는 강 주변 풍경이
우측은 남아공 최고의 서핑 해변임을 과시하듯 넘실대는 바다 풍경이
한눈에 들어왔다.

해변에 들어서자 가이드가 말이 내달리게 하는 법을 설명해 주었다. 우리는 설명에 따라 해변을 힘차게 달렸다.

제프리스 베이의 모래사장은 사막을 연상하게 할 만큼 방대한 크기였다. 눈앞에 펼쳐진 모래사장을 말을 타고 내달리니 마치 전장을 내달리는 장수가 된 느낌이었다.

발을 들어 말 몸통을 세게 치면
말이 달리기 시작한다.

말과 박자를 맞춰
페달을 밟고 일어선다.

고삐를 당기면
말이 속도를 줄인다.

그렇게 2시간 정도 말을 타고 목장으로 돌아왔다. 긴 여정을 마친 말들은 땀을 비 오듯 흘리고 있었다. 멋진 경험이었지만 말에게는 미안한 마음이 들었다. 다음에 승마를 즐길 때는 다이어트를 하고 타야겠다는 생각을 했다.

Unbelievable !

해변을 질주할 때 기분은 말로 형용할 수 없는 희열을 맛보게 했다.

어쨌든 말을 달려 해변을 누빈 기억은 평생 잊지 못할 소중한 추억이
되었다. 승마 투어를 마치고 다음 목적지인 포트 엘리자베스로 차를
몰았다. 승마 투어를 아침 일찍 시작하다 보니 포트 엘리자베스에 점
심쯤 도착할 수 있었다.

포트 엘리자베스에서 가장 먼저 찾아간 곳은 넬슨 만델라 메트로폴
리탄 뮤지엄이었다. 그런데 뮤지엄 주변에 동네에서 좀 노는(?) 형들이
모여 있었다. 안전을 위해 그들 앞을 뛰어서 박물관 안으로 들어갔다.

우아!

기획 전시실에서는 메리 시반
데(Mary Sibande)라는 흑인 아티스
트의 작품전이 진행되고 있었다.
흑인을 모티브로 만든 밀랍인형

에 수많은 연결 고리가 채워져 속박, 고통을 상징하고 있었다. 자주색 의상과 은은한 조명은 암울한 느낌을 배가시켰다. 작품을 감상하는 것만으로 남아공 흑인들의 아픔이 느껴지는 듯했다.

숙소로 돌아와 포트 엘리자베스의 해변을 거닐었다.
산책 도중 해가 뉘엿뉘엿 지기 시작했다. 포트 엘리자베스의 일몰은 그간 봐왔던 가든 루트의 일몰과 비교해서 소박한 느낌이 들었다. 아무래도 해변이 좁고 다른 지역에 비해 상대적으로 건물이 많아서 그랬던 것 같다.

일몰 감상을 마치고 저녁 식사를 위해 진저(Ginger)라는 식당을 예약했다. 솔직히 큰 기대를 하지 않고 갔는데 친절한 서비스와 특별한 음식 맛으로 기쁨이 배가 되었다.

은은함이 느껴지는 포트 엘리자베스의 일몰 모습

스타터(Starter)로 연어 스테이크 샐러드, 식사로 안심 스테이크를 주문했다. 여기에 매니저가 추천해 준 2010년 빈티지 라 모트(La Motte)라는 와인을 마셨다. 적당한 가격에 최고의 풍미가 느껴졌던 라 모트는 남아공에 머무는 동안 즐겨 마시게 되었다. 후식으로 홈메이드 아이스크림까지 먹고 풍성한 만찬을 마무리했다.

남아공 음식값은 착하다?

남아공에서 식사를 하고 음식값을 계산할 때는 기분이 좋아진다. 돈을 내는 데 기분이 좋아진다? 그 이유는 상당한 양의 요리를 주문해도 저렴하기 때문이다. 참고로 남아공의 음식값은 한국에 비해 저렴하다. 한국에서 십만 원 정도의 스테이크를 약 2만 원이면 먹을 수 있고, 와인도 2~3만 원이면 양질의 상품을 즐길 수 있다. 남아공에서 여행을 즐길 예정이라면 고급 레스토랑에서 식사할 것을 권한다. 저렴한 가격에 맛있기까지 한 음식에 기쁨은 두 배가 될 것이다.

코끼리의 천국
아도 코끼리 국립공원

가든 루트 여정 7일째, 오늘 일정은 포트 엘리자베스에서 30분 거리에 위치한 아도 코끼리 국립공원(Addo Elephant National Park)에서 시작한다. 아도 코끼리 국립공원은 1931년 이 지역의 코끼리가 멸종 위기(16마리)에 처하자 방대한 지역(652,300ac)을 국립공원으로 지정하여 개체 수 보호에 들어갔고 현재는 550여 마리가 살고 있는 코끼리의 천국으로 탈바꿈했다.

무엇보다 이곳에 오고 싶었던 이유는 코끼리를 타고 동물을 둘러보는 사파리 투어와 코끼리와 함께 트래킹을 체험할 수 있다는 광고를 접했기 때문이다.

참고로 이번에 이용하는 사파리 투어는 국립공원을 둘러보는 것이 아니라 개인 소유의 코끼리 농장을 둘러보는 투어였다. 남아공에서는 개인 소유의 사파리 투어도 성행하는데 일반 사파리 투어가 동물을 관찰하는 것에 그친다면 사유지에서의 사파리는 보다 다양한 프로그램(먹이 주기, 동물들과 산책 등)을 관광객에게 제공한다(투어 가격이 상대적으로 비싸다).

공원 입구에서 윔(Wim)이라는 가이드 할아버지를 만났다. 윔은 아도 코끼리 국립공원에 대한 여러 이야기를 해주었다.

그 첫 번째 이야기는 이곳에 전 세계에서 유일하게 자라는 식물군이 있다는 것이었다. 그렇기 때문에 식물 감시원들이 수시로 외래 식물이 자라는 것을 방지하고 있었다(건조한 기후라서 외래종이 자라게 되면 토착 식물군이 죽는다고 한다). 외국에서 들어온 황소개구리나 베스가 우리나라 토종 생태계를 망치고 있는 것과 비슷한 경우랄까.

두 번째 이야기는 멸종 직전의 코끼리를 살리기 위해 조성한 국립공원은 현재 개체 수가 넘쳐 이제는 도살처분을 할 정도라는 것이다.

험난한 산길을 올라 사유 코끼리 농장에 도착했다. 코끼리 투어의 시작은 코끼리를 타고 사파리를 체험하는 것으로 시작됐다.

동물들은 사람을 태운 코끼리가 신기한지 도망가지 않고 지켜보았다. 한 시간가량 너른 대지를 지나 숲 속을 거쳐 동물들을 관찰했다.

코끼리들은 사파리 도중 몸 속에 저장해 놓은 물을 자신의 몸에 뿌려 체온 조절을 했다. 덕분에 나도 '체온 조절'을 당했다.

코끼리 타고 사파리를 즐겨본 사람 있으면 손

그만
뿌려!

코끼리 사파리 후, 코끼리들이 진흙탕에서 목욕하는 모습을 감상했다. 사파리를 진행하느라 더웠는지 목욕하는 모습이 즐거워 보였다. 그렇게 열을 식히고 코끼리들과 함께 트래킹을 했다. 육중한 몸매의 코끼리들이 앞서가고 나와 일행은 그 뒤를 따라갔다.

트래킹을 마치고 먹이를 주는 시간(Feeding)을 가졌다. 먹이 주기에 사용되는 사료는 코끼리들이 좋아하는 식물을 알약 형태로 만든 먹이로 코끼리들은 이 사료를 코로 받아 맛있게 먹었다. 먹이를 주며 코끼리 입속을 사진기로 찍을 수 있는 시간도 있었다. 마음 같아서는 양치질을 해주고 싶을 정도로 입속 상태가 좋지 않았다.

코끼리와 함께 트래킹 해본 사람 있으면 손!

코끼리들에게 먹이를 주고 이제는 일행이 점심을 먹기 위해서 자리를 옮겼다. 식당 앞에는 조그만 연못이 있었는데, 이곳에 코끼리들이 찾아와 물장구를 쳤다. 일행은 그 모습을 지켜보며 식사를 했다.

코끼리랑 함께 물장구 쳐본 사람 있으면 손

식사를 마치고 마지막으로 작별 인사 시간을 가졌다. 조련사 말에 의하면 코끼리는 영특해서 방문자가 1년 안에 다시 찾아오면 냄새를 통해 방문자가 누구인지 알아챈다고 했다. 그래서 날 기억해 달라는 의미로 코끼리 다리를 꼭 안고 내 향취를 인식시켰다.

'장님 코끼리 다리 만지기'를 몸소 실천하다.

사파리에서 코끼리와 마주쳤을 때 경적을 울리거나 소리를 치는 등의 행위로 신경을 자극하지 말아야 한다.

특히 새끼와 함께 있는 어미는 예민하다. 코끼리가 화가 날 경우 그림같이 양쪽 귀를 펄럭이며 쫓아오는데, 시속 40km까지 달릴 수 있으니 조심해야 한다. 차 한 대 부수는 건 그들에게 일도 아니기 때문이다.

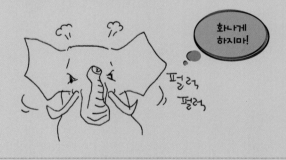

PART 5

태고의 생명력을 잉태한

블라이드 리버 캐니언과 주변 관광지

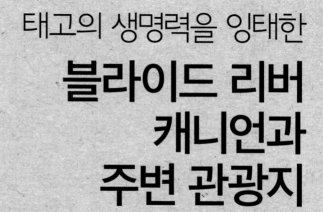

요하네스버그에서 크루거 국립공원으로 가는 길은 파노라마 루트(Panorama Route)라고해서 아름다운 절경이 즐비하다. 그중에서도 블라이드 리버 캐니언(Blyde River Canyon)은 단연 빼어난 경관을 자랑한다. 네덜란드어로 'Blyde'는 '행복'이라는 뜻으로 이곳의 절경을 보고 있노라면 말 그대로 행복이 절로 느껴진다.

또한 파노라마 루트 주변에는 다양한 볼거리, 즐길거리가 넘쳐난다. 이번 장에서는 파노라마 루트와 주변의 주요 도시를 소개하고자 한다.

하마가 사는
강가

웅장한 자연경관에 관심이 많았던 터라 미국 그랜드 캐니언에 두 차례 다녀온 경험이 있었다. 그래서 남아공에 온 이후 블라이드 리버 캐니언에 대한 정보를 접하고 꼭 가보기로 마음을 먹었었다. 그러던 어느 날, 블라이드 리버 캐니언 주변 로지

하마가 놀러 오는 와일드니스 로지

(Lodge, 우리나라 펜션과 비슷한 숙소)를 저렴한 가격에 예약할 기회가 있어 여행을 떠나게 되었다.

숙소로 예약한 블라이드 리버 와일드니스 로지(Blyde River Wildness Lodge)는 강 옆에 위치하고 있는데, 이 강에는 하마가 출몰하는 것으로 유명하다.

요하네스버그에서 숙소를 찾아가는 길은 순탄치 않았다. 곳곳에 파손된 도로(Patholes)를 피해 네 시간여 만에 숙소 주변에 도착했다. 안내 간판을 따라 차를 몰고 갔는데 한참을 들어가도 숙소가 나오지 않아 매니저에게 전화를 걸었다.

매니저는 "10분 정도 차를 몰고 들어오면 숙소 건물이 보일 겁니다."

남아공 여행에서 타이어 펑크를 유발하는 파손된 도로는 경계 대상 1호다.

라고 이야기했다. 그런데 10분을 넘기고 20분 가까이 길을 따라가도 숙소를 찾을 수 없었다. 더구나 당황스러운 일은 휴대폰 신호가 약해져 전화조차 할 수 없는 상황이 되었다. 어쩔 수 없이 차를 돌려 신호가 잡히는 곳까지 나와서 다시 매니저에게 전화를 했다.

"이상하네요. 10분만 들어오면 되는데요." 어쩔 수 없이 다시 차를 몰아 길을 따라갔다. 해가 저물어 가는 상황에서 다시 전화기 신호는 약해지고 숙소는 보이지 않았다. 그래도 계속 차를 몰고 갈 수밖에 없었다.

그렇게 30여 분을 들어가자 희미한 불빛이 보이는 게 아닌가… 이때 깨달은 사실이지만 남아공 사람들은 거리 감각이 우리만큼 정확하지 못하다. 넓은 땅에 살고 있어서인지 "1~2㎞면 된다."는 이야기를 듣고 찾아가 보면 실제로 5~6㎞는 가야 목적지가 나온다.

우여곡절 끝에 숙소에 도착했다. 다음 날 블라인드 리버 캐니언으로 가야 하기에 일찍 잠자리에 들었다.

도로 유실,
GPS 오작동, 소똥 천지

아침에 일어나니 장대비가 내리고 있었다. 흐린 날씨 때문에 오늘 찾아가는 블라이드 리버 캐니언의 풍경을 잘 볼 수 없을 것 같은 불길한 예감이 들었다. 그래도 별일 없으리라 생각하고 GPS에 블라이드 리버 캐니언의 명소 중 하나인 스리 론다벨스(Three Rondavels, 남아프리카의 원형 주택을 닮은 봉우리)를 찍었다.

그런데 설상가상으로 GPS가 목적지를 찾지 못하는 거였다. 그래서 블라이드 리버 캐니언의 입구 도시인 그라스콥(Graskop)을 입력하고 길을 나섰다. 빗줄기는 더욱 거세져 운전하기 힘들 정도였다.

40여 분쯤 운전을 하는데 GPS가 오작동하기 시작했다. 그러더니 아예 신호를 찾지 못하는 것이 아닌가! 도로 R40에 들어선 순간 경악을 금치 못할 상황에 직면하게 됐다. 폭우로 인해 도로가 유실된 것이다. 당황스러운 순간이었지만 마음을 추스르고 현지인들에게 길을 물어 다른 도로로 진입했다.

그런데 그 도로 역시 폭우

로 인해 끊어져 있었다. 이제는 감으로 차를 운전해 도로를 찾아야만 하는 상황. 잠시 후, 포장 상태가 좋지 않은 도로에 들어섰다.

이 도로는 이상하리만큼 소들이 자주 출몰하였다. 초반에는 소가 지나가기를 기다리며 사진을 찍는 여유도 부렸다. 그렇게 한 시간여 차를 몰고 들어가자 도로는 온통 소똥 천지였다. 마치 소들이 작당 모의하여 똥으로 길을 막고 있는 것 같았다.

끊어진 길, 소똥 천지를 지나 가파른 산길을 올라 목적지 근처에 다다랐다. 기쁜 마음으로 공원 입구를 지키는 관리인에게 게이트를 열어 줄 것을 요청했다.

그런데 청천벽력과도 같은 관리인의 한마디! "길을 잘못 찾아왔습니다. 이 산이 아닙니다."란다. 여러 난관을 거쳤지만, 정작 도착한 곳은 블라이드 리버 캐니언이 아닌 이름 모를 다른 산길이었던 것.

더 큰 문제는 이곳에서 외부로 통하는 길이 없어 다시 한 번 험난한 여정을 되돌아갈 수밖에 없다는 것이었다. 블라이드 리버 캐니언을 찾는 건 고사하고 숙소까지 안전하게 도착할 수 있을지도 의문이었다.

비는 더욱 거세지고 시간은 오후 3시를 지나고 있었다. 두 시간여만에 험난한 길을 헤쳐 나왔다. 그래도 무사히 숙소로 향할 수 있음에 감사했다.

그렇게 숙소로 향하는 길에 바오밥 나무가 그려진 '바오밥 레스토랑(Baobab Restaurant)' 푯말을 발견했다. 어쩐지 저곳에 가면 좋은 일이 있을 것 같은 막연한 예감에 푯말을 따라갔다.

그 기대는 틀리지 않았다. 우리 일행이 다다른 바오밥 레스토랑은 거대한 바오밥 나무를 배경으로 깔끔한 식당이 자리 잡고 있었다. 그리고 때마침 비가 그쳤다. 순간 바라본 멋진 풍경은 하루

500년된 바오밥 나무. 바오밥 사단에서는 젊은 축에 속한다

동안의 고난과 역경을 한 방에 날려줄 만큼 아름다웠다.

바오밥 레스토랑의 주메뉴는 남아공식 팬케이크였다. 남아공식 팬케이크는 우리가 일반적으로 알고 있는 팬케이크와는 사뭇 달랐다.

고기, 채소 등 속을 넣고

우리가 아는 팬케이크   남아공식 팬케이크   케이크를 만들고   김말이처럼 말아준다.

치킨 팬케이크와 식당에서 직접 만든 생강 맥주(무알코올)를 먹었다. 허기진 상황에서 먹어서인지 몰라도 그 맛은 남아공에 와서 먹어 본 음식 중 단연 최고였다.

❶ 남아공 체류 기간 중 가장 맛있었던 음식으로 꼽는 팬케이크
❷ 입 안이 알싸해지는 무알코올 생강 맥주

바오밥 레스토랑에는 두 그루의 거대한 바오밥 나무가 있는데 500년
된 바오밥 나무는 한창 성장을 하고 있었고 2,000년된 바오밥 나무는 9
년 전 벼락을 맞아 반으로 쪼개져 쓰러져 있었다. 바오밥 나무의 껍질
은 마치 동물의 가죽과 같아서 살아 움직일 것 같았다. 바오밥 나무를
한동안 감상하다 숙소로 돌아왔다.

❶ 500년 된 바오밥 나무와 기념 촬영
❷ 벼락을 맞아 반으로 쪼개진 2,000년된 바오밥 나무

자연의 아름다움에
넋을 잃다

아침에 이상한 울음소리에 잠을 깼다. '쿵쿵, 컹컹' 귀청을 때리는 큰 소리에 숙소 앞 강가로 나가 보았다. 바로 하마였다. 아빠와 엄마 그리고 새끼까지 총 3마리가 강에서 수영을 즐기고 있었다. 하마 가족을 보며 아침 식사를 하니 절로 기분이 좋아졌다.

하마와의 기분 좋은 만남을 뒤로하고 우리 일행은 어제 도착하지 못했던 블라이드 리버 캐니언으로 떠났다. GPS가 오류를 범한 곳은 지도를 참고해 진입했다. 그렇게 40여 분을 운전하여 블라이드 리버 캐니언에 접어들 수 있는 파노라마 루트(Panorama Route) 입구에 도착했다.

전날의 힘든 스케줄을 보상이라도 받듯 이날은 순조롭게 하루가 시작되고 있었다. 우리는 본격적인 여정을 시작하기 전 인류의 기원 박물관(Museum of Man)에 들러 현생 인류의 유적을 둘러보았다.

이 박물관은 200만 년 전 현생 인류의 조상이 살았던 곳으로 1800년대 말에는 그레이트 트랙(Great Track, 남아공 백인들이 삶의 터전을 찾아 내륙으로 이주한 사

1871년에 이곳을 은신처로 삼았던 사람의 흔적

자연적으로 만들어진 은신처에 원시시대부터 1800년대까지 삶의 터전으로 사용되었다.

건) 때 백인들의 은신처로 사용되기도 한 곳이다.

박물관 가이드들은 현장의 유물, 유적에 대해 꼼꼼히 설명해 주었다. 한 가지 인상 깊었던 상황은 점심시간이 다가오자 가이드들이 동굴 한쪽에 마련된 아궁이를 사용해 현장에서 밥을 짓는 모습이었다. 마치 원시인들이 먼 옛날 그랬던 것처럼….

폭우와 GPS 오작동으로 찾지 못했던 블라이드 리버 캐니언을 드디어 보게 되다니! 설레는 가슴을 안고 캐니언의 전경을 가장 멋지게 볼 수 있다는 스리 론다벨스 뷰 포인트(Three Rondavels View Point)로 향했다. 공원 입구를 지나 30분 정도 들어가자 전망대 간판이 눈에 들어왔다. 차를 주차하고 멋진 전경을 볼 수 있는 벼랑 쪽으로 나아갔다.

그리고 한동안 말을 잃고 풍경을 감상했다. 암석으로만 이루어진 미국의 그랜드 캐니언과 달리 블라이드 리버 캐니언은 풍성한 수풀이 우거져 생명력을 느낄 수 있었다. 한마디로 그랜드 캐니언이 잠들어 있는

블라이들 리버 캐니언에서 명상을 즐기다.

형상이라면 블라이드 리버 캐니언은 한창 성장하고 있는 청년의 모습을 닮아 있었다.

블라이드 리버 캐니언의 풍경을 사진기에 담고 있는데 중국인 관광객 두 명이 다가와 사진 촬영을 부탁했다. 장난기가 발동하여 한국에서 온 유명 사진작가라고 속이고 다양한 자세로 그들을 촬영했다.

사진을 한창 찍고 있는데 바로 옆 바위를 보니 초록색과 빨간색이 반반 섞인 도마뱀이 나의 예술 촬영을 관람하고 있었다. 남아공을 여행하며 야생 동물들과 만나는 경우가 종종 있는데 그 녀석이 날 보는 건지 내가 그 녀석을 보는 건지 구분이 안 될 때가 있다. 대자연 속에서 우리 인간은 다른 동물들과 마찬가지로 하나의 생명체일 뿐이다. 너무 철학적이었나?

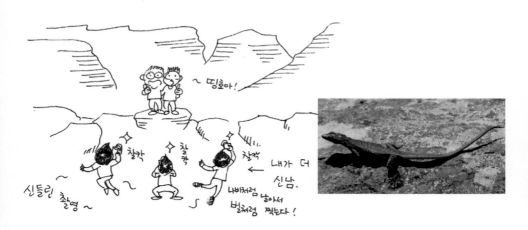

~ 띵호아!

신들린 촬영 ~

찰칵

찰칵

찰칵

내가 더 신남.

나비처럼 날아서 벌처럼 찍는다!

이후 자리를 옮겨 블라이드 리버 캐니언의 8개 뷰 포인트 중 하나인 부르크스 럭 포트홀(Bourke's Luck potholes)에 갔다. 그곳의 모습은 마치 신이 거대한 암벽을 끌로 파서 만든 조각품처럼 보였다. 우리가 수박을

신이 만든 또 하나의 작품, 부르크스 럭 포트홀

숟가락으로 파먹는 것 같은 모양새랄까. 특이한 지형과 어우러진 폭포의 모습은 관광객들의 눈길을 사로잡았다.

이곳에서 또 하나의 재밋거리는 폭포의 작은 용소 중 하나에 동전을

던져 집어넣으면 소원을 이룰 수 있다는 것이다. 수십 미터 아래 용소에 동전을 던져서 넣기란 쉽지 않았다. 필자도 세 번의 시도 끝에 마침내 성공하고 소원을 빌었다.

이후 차를 몰아 다른 뷰 포인트를 차례로 돌아보았다. 원더 뷰(Wonder View), 피나클(Pinacle), 신의 창(God's Window), 베를린 폭포(Berlin waterfalls), 리스본 폭포(Lisbon waterfalls)를 차례로 둘러 보았다.

신의 창

베를린 폭포와 리스본 폭포의 폭포 이름에서 알 수 있듯이 골드러시 때 이 지역 부근에 정착한 유럽인들은 자신의 고

베를린 폭포   리스본 폭포

향을 그리워하며 폭포에 이름을 붙였다고 한다. 골드러시가 이뤄지던 19세기에 만약 우리 선조가 여기에 진출했었다면 '한양 폭포'라고 명명하지 않았을까?

숙소가 위치한 폭포의 도시 사비(Sabie)로 향하기 전, 블라이드 리버 캐니언 끝자락에 있는 그라스콥(Graskop)에서 저녁 식사를 하기로 했다. 일행은 그라스콥의 유명 팬케이크 식당인 해리스 팬케이크(Harrie's Pancakes)를 찾았다. 이 식당에서는 각종 고기, 해산물, 과일을 재료로 만든 다양한 팬케이크를 제공한다. 매운맛이 그리웠던 난 닭간과 칠리소스로 만든 팬케이크를 주문했는데, 그 맛이 한국의 닭볶음탕 맛과 흡사했다. 기분 좋은 저녁 식사를 마치고 내일 일정을 위해 사비에 도착해 잠자리에 들었다.

닭간볶음 팬케이크의 매콤한 맛이 일품이다.

폭포의 도시 사비에서
천상의 맛을 느끼다

　폭포의 도시 사비(Sabie)에서의 첫 일정은 송어 낚시 체험이었다. 전날 숙소를 찾아오는 길에 송어 낚시 광고를 보고 급히 정한 계획이었다. 우선 사비 관광 안내소 옆에 위치한 '빅 스카이(Big Sky)'라는 낚시 전문점에서 낚시 도구 대여료, 낚시터 입장료 등을 내고 점원이 준 약도를 따라 낚시터로 이동했다. 낚시터는 사비 시내에서 차로 20분 정도 걸렸다. 사비의 맑은 폭포수를 가두어 저수지 형태로 만들어 놓은 형태였다. 우리는 바비큐 시설이 완비된 오두막까지 빌려 만반의 준비를 마쳤다.

　송어 낚시는 어렵지 않았다. 낚시터는 물 반, 고기 반이었기 때문이다.

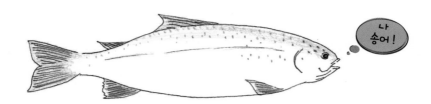

❶ 사비의 맑은 물에서 자란 송어의 손맛을 본 낚시터
❷ 요리를 위해 내장을 발라낸 송어들

　잡은 송어를 손질하고 두 가지 요리를 준비했다. 첫 번째 요리는 '송어 소금구이', 두 번째 요리는 미리 준비해 간 한국의 매운 라면에 송어를 넣어 만든 '송어 라면'. 거기에 남아공 와인까지 곁들이니 왕의 밥상이 부럽지 않았다.

　맑은 물에서 자란 송어의 속살은 탱탱하고 단맛이 느껴졌고 송어 라면 국물의 진한 맛은 지금도 그리울 만큼 특별했다. 송어 낚시터에서 즐거운 시간을 보내고 사비 주변 폭포 투어를 시작했다.

소금과 후추로 간을 하고 은박지로 싸서 굽는다.
레몬즙을 충분히 뿌려주면 송어 소금구이 완성!

송어 라면은 둘이 먹다 하나가 죽어도 모를 맛!

traveling

감동스러운
두 폭포와의 만남

송어 낚시를 마치고 오후가 되어서야 사비의 폭포 투어를 시작했다. 해가 지기까지 시간이 많지 않아 현지 주민에게 물어 가장 멋진 폭포라는 론 크리크 폭포(Lone Creek Waterfalls)와 브라이들 베일 폭포(Bridal Veil Waterfalls, 면사포 폭포)를 찾았다.

론 크리크 폭포는 68m의 높이에 시원한 물줄기를 떨어뜨리고 있었다. 보는 순간 호탕하게 웃는 청년의 형상이 떠올랐다. 또한 폭포수가 이룬 연못은 수영이 가능할 정도로 넓어서 청년의 넓은 어깨를 연상하게 했다. 론 크리크 폭포의 또 하나의 장점은 보는 방향에 따라 다양한 모습이라 여러 각도에서 사진 촬영을 할 수 있다는 것이다. 한마디로 여러 각도에서도 봐도 자신 있는 잘생기고 건강한 청년의 느낌이 이 폭포의 이미지였다.

이에 반해 브라이들 베일 폭포는 딱 보는 순간 면사포를 쓴 신부의 수줍은 미소를 연상시켰다. 폭포의 높이는 70m로 론 크리크 폭포와 차이가 없었지만, 흩날리듯 떨어지는 물줄기는 론 크리크의 힘찬 낙수와 정반대의 모습이었다. 그렇게 흩날리는 폭포수의 모습은 보는 이들에게 이 폭포의 이름을 자연스럽게 연상하게 했다. 먼 옛날 내가 이 폭포의 이름을 지었다 해도 별반 다르지 않을 것이라는 생각이 들었다.

거센 물줄기의 론 그리크 폭포 　　　　　면사포가 흩날리는 듯한 브라이들 베일 폭포

　　송어 낚시와 폭포 투어로 행복을 만끽했던 3일째 여정도 그렇게 마
무리되고 있었다. 여정에서의 색다른 추억은 인생을 살아가는 데 큰
힘이 된다. 오랜 시간 방전되
지 않을 추억이라는 건전
지를 얻었음에 만족하며
하루를 마무리했다.

청년 이미지의 론 그리크 폭포, 수줍은 신부가 떠오르는 브라이들 베일 폭포

traveling

타임머신을 탄 듯했던 금광 도시,
필그림스 레스트

필그림스 레스트는 옛 탄광의 모습이 고스란히 남아 있는 소도시다.

여정의 마지막 날, 조벅으로 돌아가기 위해 아침 일찍 일정을 시작했다. 오늘의 첫 여행지는 1873년 당시의 금광 모습을 그대로 간직한 도시, 필그림스 레스트(Pilgrims Rest)다.

아침과 점심 식사를 겸해서 주변 식당가에서 팬케이크와 햄버거를 먹었다. 1900년 초기 건물에서 식사한다는 것 자체도 흥미로운 경험이었지만, 음식의 맛 또한 일품이었다.

엄마가 만들어준 음식처럼 정갈했던 필그림스 레스트 식당 음식

일행이 필그림스 레스트에 도착한 당일, 운이 좋게도 전국 사금 채취 경연대회(National Gold Panning Championships)가 열리고 있었다. 그것도 마지막 날 행사가 진행 중이었다. 때마침 팬(Pan)을 이용한 사금 채취 경연이 벌어지고 있어 선수들을 응원했다.

전국에서 몰려든 경연자들은 각자의 사금 채취 틀 안에서 사금 거르기에 여념이 없었다. 현장은 마치 우리나라 장터처럼 지역 주민들이 모여 친목을 도모하는 장이었다. 그들과 함께 어울려 이야기 나누고 음식도 나누어 먹으며 즐거운 시간을 보냈다.

사금 채취 경연대회의 진행은 아래와 같이 진행되었다.

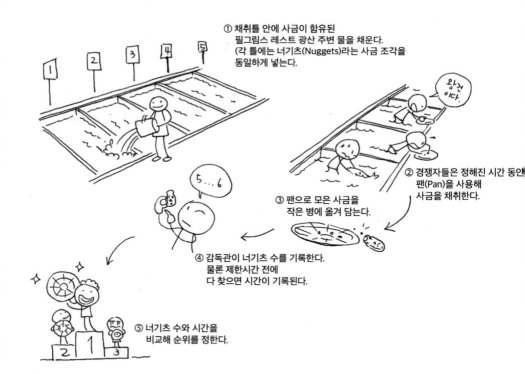

① 채취틀 안에 사금이 함유된 필그림스 레스트 광산 주변 물을 채운다. (각 틀에는 너기츠(Nuggets)라는 사금 조각을 동일하게 넣는다.

② 경쟁자들은 정해진 시간 동안 팬(Pan)을 사용해 사금을 채취한다.

③ 팬으로 모은 사금을 작은 병에 옮겨 담는다.

④ 감독관이 너기츠 수를 기록한다. 물론 제한시간 전에 다 찾으면 시간이 기록된다.

⑤ 너기츠 수와 시간을 비교해 순위를 정한다.

2,000년의 시간을 넘어
그녀를 만나다

필그림스 레스트에서 정겨운 시간을 보내고 조벅으로 복귀하기 전, 우리는 바오밥 나무로 유명한 림포포(Limpopo, 블라이들 리버 캐니언이 위치한 음푸말랑가(Mpumalanga) 주의 북쪽 접경 지역) 주의 레이드스도프(Leydsdrop)를 들러 자이언트 바오밥(Giant Baobab)을 보고 가기로 결정했다.

필그림스 레스트에서 한 시간 반가량 차를 몰아 목적지에 도착할 수 있었다. 자이언트 바오밥 나무는 도로에서 외떨어져 있어 찾기가 쉽지 않았다. 그렇지만 그 크기가 워낙 커서 근처에 이르자 바오밥 나무가 눈에 확 들어왔다.

자이언트 바오밥 나무 주변은 울타리가 설치되어 보호되고 있었다. 그래서 먼발치에 차를 주차하고 바오밥 나무를 향해 걸어갔다. 엄청난 크기의 바오밥 나무에는 자연적으로 만들어진 방 모양의 공간(100×360㎝)이 있다. 이 공간은 골드러시 때 바(Bar)로 사용되기도 했고, 냉장고 대용으로 활용되었다. 또 하나 재미있는 사실은 나무의 측면에는 사다리가 설치되어 있는데, 그 위에 올라가 보면 넓은 공간이 있어 주거 공간으로 활용되기도 했다고 한다. 바오밥 나무가 얼마나 거대한 크기인지 가늠할 수 있는 좋은 예다.

바오밥 나무 몸통 안에 위치한 방 모양 공간

자이언트 바오밥 나무(She라는 호칭으로 여성화하여 불림)는 2,000년 이상 살았고 현재도 1년에 1㎝ 정도씩 성장하고 있다고 한다. 그 말을 증명이라도 하듯 바오밥 나무는 바람이 불자 생생한 잎과 꽃을 흔들어 주었다. 마치 우리에게 자신의 생명력을 과시하는 것처럼….

주먹만 한 크기의 바오밥 나무 꽃

바오밥 나무를 한동안 둘러보고 조벽을 향해 출발하려는 찰나, 관리자 할아버지가 나와서 일행에게 말을 걸었다. "오늘 자네들이 첫 방문객이네, 나도 바오밥 나무(그녀)도 너무 외로웠는데 다행이야. 다음에 기회가 있으면 또 들러주게나."

꼭 다시
올게요!

할아버지의 인사에 왠지 그냥 떠날 수 없어서 한동안 이야기를 나누었다. 기념 촬영도 함께하고 다음에 꼭 다시 오겠노라고 약속을 했다. 다행히 우리가 떠날 즈음 이날 두 번째 방문객들이 할아버지와 그녀(바오밥 나무)를 만나러 왔다.

조벅을 향해 차를 돌리며 2,000년 넘게 한 자리에 외롭게 서 있는 자이언트 바오밥 나무와 오랜 세월 나무를 지키고 있는 할아버지의 모습이 중첩되어 마음이 찡했다. 한국에 계신 외조부모님과 부모님도 그녀(바오밥 나무)처럼 오랫동안 건강하시기를 기원했다.

조벅으로 돌아오는 길에 흐렸던 하늘이 조금씩 맑아지며 구름을 뚫고 광명이 드리워졌다. 외로운 자신을 찾아준 바오밥 나무의 은총이 아니었을까.

바오밥 나무의 은총 덕분이었을까? 집으로 돌아가는 길에 흐린 하늘이 개었다.

참고로 남아공에 머무는 동안 몇 그루의 바오밥 나무를 만났다. 그들을 만났을 때 느낌을 간략하게 정리해 본다.

❶ 블라이드 캐니언(Blyde Canyon) 바오밥 나무(2013.07.19. 만남)
　 500년 된 청년의 풍모가 느껴졌다. 그 옆에 벼락 맞아 쓰러진(두 갈래로 나뉜) 2,000년 된 바오밥 나무가 있다.

❷ 하모니 자이언트(Harmony Giant) 바오밥 나무(2013.11.24. 만남)
　 2,000년 이상 살았다는 잎과 꽃이 만개한 바오밥 나무. 친근하고 푸근한 할머니 느낌이었다.

❸ 마하도(makhado) 바오밥 나무(2014.03.15. 만남)
　 수령 미상. 추측하건대 1,000년 정도? 산속에 위치한 바오밥 음기가 차고 넘친다. 보는 순간 마녀가 떠올랐다.

남아공 숙소 로지(Lodge)

남아공 그리고 아프리카 지역을 여행하다 보면 특이한 숙박시설인 로지(Lodge)에서 묵을 기회가 있을 것이다. 로지란 한마디로 자연 속에서 숙박을 하는 형태로 우리나라 의 펜션과 유사한 개념이다. 남아공에서 차를 몰고 교외를 다니다 보면 쉽게 발견할 수 있다. 각 로지는 저마다의 테마를 지니고 있다. 예를 들어 사파리, 사냥, 낚시 등을 하며 묵을 수 있다.

호텔과 마찬가지로 남아공 관광청으로부터 수준에 따라 별을 부여받는다. 경험상 별 3개 정도면 무난한 수준이다. 운 좋게 할인 패키지를 찾으면 파격적인 조건으로 계약이 가능하다.(2박 요금에 3박 제공)

남아공으로 여행을 떠날 계획이라면 로지에서 묵는 것도 색다른 재미가 될 것이다.

로지에서 머물다 보면 동물 친구들을 쉽게 만날 수 있다.

PART 6

때 묻지 않은
아름다움의 극치
와일드코스트
(Wild Coast)

남아공에는 아름다운 자연경관이 넘쳐난다. 그중 가장 잘 알려
진 곳이 '가든 루트(Garden Route)'라 불리는 곳이다.

가든 루트는 앞서 살펴보았듯 고래의 도시 허마너스에서 시작해
포트엘리자베스까지 총 700㎞에 이르는 관광 루트이다.

아름다운 해안 도로를 따라 달리다 보면 색다른 특색을 지닌 도
시들이 관광객을 맞이하여 여행의 흥을 돋운다.

그렇다면 이와 반대로 남아공에서 가장 덜 알려진 숨겨진 명소
는 어디일까? 이에 대한 답변으로 많은 남아공 사람들은 '와일
드코스트(Wild Coast)'를 꼽을 것이다.

보석의 원석과 같은 아름다움을 지닌 와일드코스트. 자연의 위
대함에 말을 잊지 못했던 그 순간을 추억해 보고자 한다.

비 사이로 막가

와일드코스트에 가기 위해 전날 더반에 도착하여 하룻밤을 묵었다.
더반은 우리나라의 평창동계올림픽 개최가 결정된 의미 있는 도시로
남아공 동부 지역 최대의 도시이
기도 하다. 이번 여정은 더반에서
시작해 포트 에드워드를 거쳐 커
피 베이에서 마무리할 계획이었다.

'와일드코스트'는 그 이름에서 느낄 수 있듯 자연 그대로 잘 보존된
남아공의 관광 명소다. 이곳은 험난한 도로 사정으로 인해 남아공 현
지인들조차 쉽게 찾을 수 없는 지역으로 유명하다.

와일드코스트로 향하는 길은 순탄치 않았다. 국도(N2)에 들어선 순
간 소나기가 내리기 시작했다. 그런데 이게 보통 소나기가 아니었다.

거짓말을 조금 보태서 빗방울 크기가 주먹만 해 보였다. 와이퍼를 최

고 속도로 조정했음에도 빗물에 시야가 가려 운전하기가 쉽지 않았다.

문제는 갑작스러운 비에 주위의 차들도 시야 확보가 어려운 상황이
라 누구 하나 속도를 줄이거나 차선을 이탈할 수 없는 상황이 되었다.

만약 이 순간 누구 한 명이라도 자칫 속도를 줄이면 대형 사고로 이

어지게 되는 것이다. 의도하지 않은 비 오는 날
의 레이스는 그렇게 시작되었다.

눈을 부릅뜨고 온 신경을 집중하여 레이스(?)
를 이어 갔다. 그런데 이게 웬 날벼락이란 말인
가! 타이어 공기압 이상 등이 켜진 것이다.

시야를 가로막는 엄청난 빗방울, 고속으로 달
리는 주변의 차들, 거기다 타이어 공기압 이상까지… 그렇게 40여 분
을 달리자 빗방울이 잦아들었다.

타이어 공기압 체크가 시급했던 터라 국도에서 빠져나와 스코츠버그
(Scottsburg)라는 마을로 진입했다.

마을 중심가에 들어서자 자동차 수리점이 있었다. 엔지니어 확인 결
과 우측 앞바퀴에 작은 구멍이 나 있었다. R200(약 20,000원)을 내고
구멍을 때웠다.

폭풍전야의
고요함을 즐기다

　차를 수리하고 다시 국도에 진입해 포트 셉스톤(Port Shepstone)에 도착했다. 금강산도 식후경인지라 점심을 먹기 위해 식당을 찾았다.

　마침 바다를 내려다볼 수 있는 전망 좋은 식당을 발견하고 스테이크에 맥주를 반주 삼아 식사를 했다. 흐린 날씨에도 몇몇 관광객들은 바다에서 물놀이를 즐기고 있었다.

　서로 물에 빠뜨리고 물장구치는 모습이 정겹게 느껴졌다. 식사를 마치고 동네를 한 바퀴 산책했다.

　동양인이 자주 나타나는 지역이 아닌지라 동네 주민들이 신기한 눈으로 나를 바라보았다.

흐린 날씨 때문에 을씨년스러운 기분마저 감돌았던 음탐브나 리버 로지

　　산책을 마치고 와일드코스트의 시작점이라 할 수 있는 포트 에드워드(Port Edward)로 향했다. 험난한 레이싱의 경험이 도움되었는지 운전이 한결 쉽게 느껴졌다.

　　한 시간 반가량 차를 몰아 강과 바다가 맞닿아 있는 숙소(음탐브나 리버 로지, Umtamvuna River Lodge)에 도착했다.

　　이곳은 울창한 야자수로 둘러싸인 풍경이 인상적이었다. 음습한 날씨 때문인지 바람에 흔들리는 야자나무 모습이 마치 무희가 춤을 추는 것처럼 보였다.

입 주변의 흰색이 바로 멧돼지 이빨

　　야자나무에서 시선을 옮기는 순간 엄청난 녀석을 목격하게 되었다. 그것은 살이 너무 쪄서 '손대면 톡 하고 터질 것만 같은 흑돼지'를 발견한 것이다.

　　멧돼지를 연상케 하는 뻐드렁니, 온몸을 감싼 검은 털, 더 이상 살이 찔 수 없을 것 같은 극한의 비대함. 마치 지구상에 없던 새로운 종種의 돼지를 발견한 것 같았다.

어마어마한 돼지와의 만남을 뒤로하고 장을 보러 나갔다. 워낙 외진 지역이라 마을 중심에 있는 몇 개의 상점과 식당이 전부였다.
다행히 KFC가 있어 치킨을 저녁 메뉴로 선택했다.
참고로 KFC는 남아공 전 지역에 골고루 분포하고 있다. 맛은 한국 것에 비해 짜다. 그리고 닭 한 조각의 크기가 상대적으로 크다.

와, 진짜 크다.

숙소로 돌아오는 길에 포트 에드워드의 비치에 들렀다. 비가 추적추적 내리는 날인데도 수영을 즐기는 사람들이 간간이 눈에 띄었다. 회색빛 하늘과 어우러진 성난 파도는 맑은 날의 바다 풍경과 또 다른 특별

파도를 바라보는 흑인 소년의 모습이 정겨워 보인다.

한 분위기를 만들고 있었다.

관광 명소인 스플래시 록(Splash Rock)으로 갔다. 거센 파도가 해변의
암석에 부딪혀 거대한 물보라(Splash)를 만드는 모습이 장관이었다.

물보라를 가까이서 느껴보기 위해 근처로 다가갔는데 파도의 매서운
기세에 눌려 이내 도망 나오게 되었다.

물보라를 한참 감상하고 숙소로 돌아왔다. 치맥을 즐기며 TV를 시청
하고 편안하게 잠자리에 들었다. 다음 날 벌어질 엄청난 사건을 예상하
지 못한 채….

예상 시간 2시간,
결과는 10시간

아침에 일어나 지도를 체크했다. 지도를 살펴보니 오늘 목적지인 커피 베이(Coffee Bay)까지의 거리는 지도상으로 어제 이동한 거리와 비슷했다(지도상 각각 1㎝ 정도).

어제 더반에서 출발해 포트 에드워드에 도착하는데 2시간 정도 걸렸으니 넉넉히 3시간 정도면 목적지에 도착할 것으로 예상했다.

커피 베이로 이동하는 것 외에는 별다른 계획이 없어 숙소 주변을 산책하며 여유로운 시간을 보냈다.

어제 만났던 흑돼지에게 작별 인사를 하고 어제 찾았던 스플래시 록에 다시 나가 보았다. 전날 흐린 날씨로 본 모습과 쾌청한 날의 모습을 비교해 보고 싶었기 때문이다.

파도가 바위에 부딪혀 물보라를 만드는 모습이 장관이다.

　　파란 하늘 아래 하늘로 솟구치는 물보라는 흐린 날씨에서 보는 그것
과 또 다른 감흥을 선사했다.

　　포트 에드워드 해변에는 낚시를 즐기는 사람들이 많았다. 낚시꾼들
을 한참 동안 구경하다가 목적지인 커피 베이를 향해 길을 나섰다.

포트 에드워드에서 낚시를 즐기는 사람들

우선 포트 세인트존스(Port St. Johns)에 들러 관광을 하고 이후 커피 베이로 떠날 계획을 잡았다.

지도상 1시간 정도면 닿을 수 있는 거리였는데 GPS에 4시간 넘게 찍혀서 놀라긴 했지만, GPS가 가끔 오류를 범하는 경우가 있어 대수롭지 않게 생각했다.

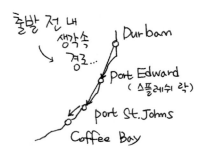

그렇게 두 시간여를 달리다 보니 불안함 마음이 엄습해 왔다. 그리고 하나둘씩 GPS의 예상 시간이 틀리지 않음을 예상하게 하는 징후가 포착되었다.

첫 번째 징조는 바로 포장도로가 자취를 감추었다는 것이다. 더반에서 포트 에드워드까지는 국도(N2)가 시원하게 깔려있는데, 포트 에드워드에서 벗어난 순간부터는 흙길의 연속이었다.

흙길은 움푹 패인 곳이 많아 속도를 내서 지나가게 되면 타이어가 펑크가 날 수도 있는 상황이었다.

두 번째 불길한 징조는 해변 도로는 사라지고 깊은 산속으로 도로가 이어지는 것이었다. 지도상으로는 해변 도로를 따라가는 것으로 보았는데 뭔가 잘못된 것이 확실했다.

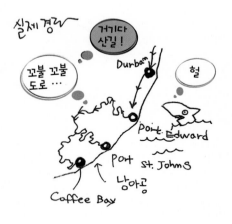

이때 다시 지도를 펼쳐 꼼꼼히 살펴보고 큰 실수를 저지른 걸 발견하게 되었다. 그것은 바로 포트 에드워드부터 직선 도로가 사라지고 꼬불꼬불 산길이 시작되는 걸 파악하지 못한 것이다.

이 사실을 알게 된 시점이 저녁 5시쯤이었다. GPS상 커피 베이까지는 앞으로 4시간…. 해가 진 후, 남아공의 오지를 간다는 건 위험한 일이기 때문에 마음이 조급해졌다. 위험한 것도 문제지만 칠흑 같은 어둠에서 운전하는 것은 상상을 초월한 정도로 무섭다.

어찌 됐건 포트 세인트존스로 접어든 후라 마을 주변을 훑어보았다. 포트 세인트존스는 음탐부나강과 인도양이 접하는 곳으로 황토 성분이 섞인 붉은 강물이 인상적이었다.

지도를 자세히 살피지 않은 여파로 시간이 촉박해진 상황이라 서둘러 운전대를 잡았다.

커피 베이로 향하는 길은 멀고도 험했다. 길 여기저기 패어 있었고, 직진 도로는 찾을 수가 없었다. 보이는 건 산이요, 커지는 건 불안함이었다. 베이(Bay)를 향해 가는 길이면 바다가 보여야 하는데 그저 산길의 연속이었다.

저녁 7시를 넘어 땅거미가 지기 시작했다. 걱정스러운 마음에 게스트 하우스 주인에게 전화를 걸어 길을 맞게 가고 있는지 물어보았다.

지나온 마을 이름을 이야기하자 맞게 오고 있다고 했다. 허나 문제는 여전히 산속을 헤매고 있다는 것, 그리고 이 통화를 끝으로 신호가 약해 전화도 사용할 수 없게 된 것이다.

그렇게 한동안 불안한 전진을 이어가다가 긍정적인 징후를 발견하게 되었다. 그것은 바로 얼굴을 하얗게 칠한 코사(Xhosa)족 여인들이 모습을 나타낸 것이다.

숙소가 위치한 와일드코스트는 코사족의 주요 거주 지역으로 그들의 모습을 목격했다는 것은 길을 맞게 찾아가고 있다는 것을 의미한다.

참고로 남아공 동부 지역인 콰줄루나탈주와 이스턴케이프주에 다

얼굴에 흰 진흙을 발랐다.

Asian ?

수의 코사족이 살고 있다. 코사족은 넬슨 만델라, 타보 음베키 등의 남아공 전직 대통령을 배출한 2대 부족이다(1대 부족은 줄루족이다).

산길을 누비는 동안 시간이 흘러 저녁 8시를 넘기고 있었다. 이제 어둠이 짙게 드리워지는 상황이었다.

게스트 하우스 주인이 이야기 한 'Mngcibe'라는 간판을 찾아야 하는데, 도대체 찾을 수가 없었다.

불안한 마음이 커져 갈 때쯤 길에 서 있는 5명의 아이들을 만났다. 아이들은 해맑게 웃으며 나를 신기한 듯 쳐다보았다.

혹시나 하는 마음에 'Mngcibe'라고 써서 위치를 묻자 조금만 더 직진하면 표지판이 나온다는 것이었다.

하루 종일 길을 헤매던 나에게 아이들은 하늘에서 내려온 천사처럼 느껴졌다. 아이들과 이야기를 나누고 작은 선물(사탕, 과자)을 나눠주고 그들의 말을 따라 앞으로 나아갔다. 그리고 곧 'Mngcibe'라는 표지판을 발견할 수 있었다.

세 시간을 예상하고 출발한 목적지에 열 시간 만에 도착했다. 힘겨운 여정이었지만, 남아공의 순수함이 그대로 보전된 와일드코스트를 간접적으로나마 체험한 듯해서 앞으로의 여정에 대한 기대가 커졌다.

숙소로 잡은 스웰 투어스 게스트 로지(Swell Tours Guest Lodge)는 너른 바다가 그대로 펼쳐진 전경이 위치하고 있었다. 또 하나 마음에 들었던 건 스머프 집과 닮은 숙소의 외형이었다.

다음 날 일정을 위해 힐링용 한국산 라면을 끓여 먹고 일찍 잠자리에 들었다.

숨을 멎게 하는 아름다움,
그 이름은 와일드코스트

앞서 이야기했듯이 와일드코스트는 자연 그대로의 모습이 매력적인 지역이다. 다시 말해 남아공 내에서도 개발되지 않은 오지 중 하나다.

그렇기에 관광 상품이 따로 개발되어 있지 않다. 그래서 숙소 주인에게 부탁해 1일 하이킹 가이드를 고용했다(R200, 약 2만 원).

하이킹 가이드는 '희망(Hope)'이라는 이름을 가진 흑인 친구였다. 만나서 헤어질 때까지 싱글벙글 웃는 얼굴이 인상적이었던 호프와 난 아침 9시경 트래킹을 시작했다.

첫 목적지는 마푸지 동굴(Mapuzi Caves)이었다. 목적지를 향해 30여 분을 걸어가자 바다로 흘러들어가는 조그만 강이 우리 앞을 가로막았다.

마침 조그만 보트 하나가 놓여 있었고, 호프는 늘 그랬던 것처럼 이웃집에서 노를 빌려왔다. 호프는 능숙한 솜씨로 노를 저어 강을 건넜다.

호프와 배를 정박시키고 노를 수풀에 숨기고 다시 걷기 시작했다. 쉴 새 없이 몰아치는 파도, 끝없이 펼쳐진 모래사장, 시원하게 불어오는 바람은 내게

밝은 웃음이 인상적인 나의 하이킹 가이드 호프

'이곳이 천국이야.'라고 귓속말을 걸어왔다. 대자연 속에 나와 호프만이
존재하고 있는 것 같은 분위기였다.

그리고 해변의 모래알이 바람에 이끌려 흩날리는 모습은 살아 있는
뱀이 춤을 추는 것처럼 보였다.

그곳에는 아무도 없었다. 보이는 건 모래사장과 바다 그리고 낮은 언덕. 그게 다였다.

목적지로 가는 길에 다시 한 번 배를 탔다. 마푸지 동굴은 조그만 섬에 있기 때문이다.

두 번째 탄 배는 사공이 있는 5인용 배였다. 일요일을 맞이해 교회로 가는 현지인들과 인사를 나누고 배에 올랐다. 동양인이 거의 오지 않는 곳이라서 그런지 그들은 나를 신기한 듯 쳐다보았다.

거북이를 탄 장군의 형상을 닮은 암석

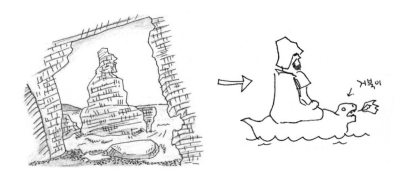

배에서 내려 한참을 걸어 특이한 모양(투구를 쓴 장군 형상, 물론 나의 상상이다) 의 바위에 다다를 수 있었다. '장군 바위'를 한참 동안 지켜보니 그 모양 새가 마치 장군이 커다란 거북이를 타고 바다를 건너는 것처럼 보였다.

홀로 상상의 나래를 펼치고 조금 더 나아가니 목적지인 마푸지 동 굴에 도착할 수 있었다. 마푸지 동굴은 자연적으로 형성된 동굴이라는 느낌보다 인간이 지은 것 같다는 생각이 들었다.

왜냐하면 직사각형의 입구는 물론 동굴 안의 너른 공간, 벽, 천장이 완벽하게 갖추어져 있었기 때문이다.

동굴 안에는 누군가 이곳에서 생활했던 흔적이 즐비했다. 술병, 음식 포장지, 양초 그리고 콘돔까지….

동굴에서의 휴식을 마치고 본격적인 트래킹을 시작했다. 그것도 최고 난이도의 트래킹. 앞서 이야기했듯이 와일드코스트는 아직 개발의 손이 미치지 않은 청정 자연 구역이다. 그러다 보니 트래킹 코스, 휴게소와 같은 편의 시설이 전무하다.

한마디로 내가 내딛는 곳이 길이고, 내가 앉는 곳이 쉼터인 것이다.

절벽에 기대어 트래킹을 안내하는 호프. 험난한 여정에도 그는 웃음을 잃지 않았다.

큰 바위를 기어오르고, 한 뼘 정도의 낭떠러지 길을 지나, 끊긴 길을 건너 와일드코스트의 전경이 한눈에 들어오는 절벽에 도착했다.

와일드코스트는 길이 없다. 그래서 내가 가면 길이 된다.

이 세상에 낭떠러지에 기대어 식사해 본 사람이 몇이나 될까?

절벽에 도착한 순간 몸은 지치고 힘들었지만 아름다운 절경을 보는 순간 모든 피로는 눈 녹듯 사라져 버렸다.

그런데 한 가지 의아했던 건 호프는 험난한 트래킹 후에도 지친 기색을 전혀 보이지 않았다. 아마도 그는 인조인간인 듯….

그리고 이어진 트래킹의 하이라이트! 그것은 바로 절벽에 기대 대양을 감상하며 먹는 점심이었다.

거세게 들이치는 파도가 발아래 있고, 눈앞에는 끝없이 펼쳐진 대서양이 있으니 평범한 샌드위치의 맛이 어떤 산해진미보다 훌륭하게 느껴졌다.

다만 한 가지 단점은 이곳에서 식사를 하다 발을 헛디디면 바로 인도양으로 입수하고 용왕님과 만나게 된다.

호프와 난 커피 베이의 상징이자 여정의 마지막 목적지인 빅홀인더월 (Big Hole In The Wall)을 보러 가기 위해 숙소로 돌아왔다.

돌아오는 길에 공터에서 축구를 즐기는 아이들을 만나게 되었다. 호프와 난 아이들과 어울려 승부차기 게임을 했다.

우리 팀의 마지막 선수가 실축을 범하는 바람에 게임에서는 졌지만, 현지 아이들과 즐거운 시간을 나눌 수 있어 행복한 시간이었다.

해맑게 웃는 아이들의 모습처럼 남아공의 미래도 밝고 건강하기를 기원했다.

승부를 결정짓는 마지막 키커. 그 결과는 홈런!

와일드코스트의 숨겨진 비경
빅홀인더월

숙소에 도착해 빅홀인더월로 향했다. 빅홀인더월은 숙소에서 차로 1시간 30분가량 가야 한다. 호프는 GPS가 작동하지 않는 산길에서 인간 내비게이션 역할을 해주었다. 험준한 산길을 지나 다리를 건너 한참을 운전해 나갔다.

그리고 얼마 후 지금까지와는 사뭇 다른 풍경, 가파른 길이 펼쳐지며 그 뒤에 엄청난 뭔가를 숨기고 있음을 직감했다.

언덕 위에 다다르자 탄성을 지를 수밖에 없었다. 바로 내 앞에 와일드코스트의 숨겨진 비경 빅홀인더월이 그 자태를 들어낸 것이다.

좀 더 가까이에서 대자연의 감동을 느끼기 위해 언덕 위에서 해변을 향해 미친 듯이 달렸다.

보는 것만으로 험난한 여정에 대한 보상이 되는 빅홀인더월

빅홀인더월은 거대한 바위산이 바다 한가운데 솟아 있는 형상으로 그 중간에 자연적으로 형성된 터널이 위치하고 있었다.

호프와 난 그저 멍하니 빅홀인더월을 바라보았다. 대자연의 웅장함에 압도된 것이다. 우리는 한동안 말없이 커피 베이의 '백미'를 원 없이 눈에 담았다. 시간이 흘러도 기억 속에서 지워지지 않도록….

빅홀언더월을 만나고 나서 근처 식당 봄부(Bomvu)라는 식당에서 저녁을 먹었다. 식사 도중 커피 베이를 여행하고 있는 다양한 국적의 친구들과 정겨운 시간을 보냈다.

독일에서 온 클라우디아라는 친구는 나에게 20대처럼 보인다고 말했다. 40대인 나에게 '최고의 찬사'이기에 그녀에게 맥주를 한 병 대접했다.

다음 날 조벽으로 돌아가야 했기에 아쉬움을 뒤로한 채 숙소로 향했다. 이번에도 인간 내비게이션 호프의 도움으로 숙소에 안전하게 도착했다.

하루 종일 길동무가 되어 준 호프에게 선물(아버지가 좋아하신다는 현지 술)을 사주고 작별 인사를 나누었다. 몇 년이 지나 와일드코스트에 다시 돌아오겠다고 약속하고 그때도 함께하자고 부탁했다.

내 생애 최고의 시간으로 기억될 하루는 그렇게 저물어 갔다.

아쉬움을 뒤로한 채
조벽으로 향하다

꿈만 같던 와일드코스트의 여정을 마무리하는 날이다. 아침에 일어나 비스듬히 누워 숙소의 문을 통해 풍경을 감상했다.

문은 액자요, 풍경은 그 자체가 미술 작품이었다. 주황색 건물, 파란 하늘, 초록 잔디밭 한동안 '미술 작품'을 감상하고 떠날 채비를 했다.

조벅으로 돌아가기 전 넬슨 만델라의 묘소가 있는 쿠누(Qunu)로 향했다. 그런데 이게 무슨 운명의 장난이란 말인가! 바로 이날 GPS의 충전 접지부가 고장이 난 것이다.

쉽게 말해서 GPS가 충전되지 않기 시작한 것이다. 쿠누로 향하는 길은 여러 차례 갈림길이 있어 GPS의 도움 없이 간다는 건 불가능했다.

아쉽지만 넬슨 만델라께 인사를 드리는 건 다음 기회로 미루어야만 했다.

아쉬운 마음을 뒤로하고 비행장이 위치한 음타타(Umtata)로 향했다. 음타타 공항에 도착해서 와일드코스트에서의 여정을 떠올려 보았다.

남아공 여행 중 가장 야생에 가까웠던 와일드코스트에서의 여정. 투박하고 힘들었지만 결국 남는 건 감동과 그리움이었다. 이번 여정을 통해 자연은 자연 그대로일 때 인간에게 더 큰 감동을 선사한다는 것을 배울 수 있었다.

~ 멋지다.
작품일세
...

'The Great Cattle Killing'

내 조카가 받은 신의 계시는 우리가 가진 가축과 곡식을 제물로 바치면 빅홀을 통해 전설의 전사들이 도착해 영국 군을 물리칠 것이다.

1850년대 중반, 나탈(Natal) 지역 (커피 베이 부근)은 영국 군의 지속적인 공격으로 삶이 피폐해지고 있었다. 이때 코사족 유력 점술가의 조카 농가우세(Nongqawuse)는 3명의 조상신(영혼)을 만나 계시를 받고 이 내용을 점성술사인 삼촌 마흐라카자(Mhlakaza)에게 전한다. 그러자 마흐라카자는 부족원들에게 이렇게 말하게 된다.

그러자 코사족 사람들은 그의 말대로 수만 마리의 가축을 도살하고 곡식 또한 폐기 처분하게 된다.

과연 그 결과는 어땠을까?
마흐라카자의 예언대로 전설의 전사가 오기는커녕 수만 명의 코사족이 식량 부족으로 목숨을 잃게 되었다. 물론 영국 군에게 손쉽게 영토를 점령당하는 결과도 초래했다. 무능한 리더가 얼마나 큰 재앙을 초래할 수 있는지 새삼 느끼게 하는 이야기였다. 아름다운 커피 베이에 얽힌 슬픈 역사 이야기다.

남의 나라 이야기 같지 않네.

Tip

남아공 여행 시 GPS를 절대적으로 신뢰했다가는 큰코다칠 수 있다. 통신 사정이 좋지 않은 남아공에서 GPS 오류가 빈번하기 때문이다. 이를 대비하기 위해 여행을 갈 지역의 지도를 준비하고 이동하기 전에 지도를 꼼꼼히 살펴야 한다. 그렇지 않으면 필자와 같이 도착 예정 시간에 착오를 일으켜 여정에 차질을 줄 수 있기 때문이다.

지도를 구할 수 없다면 구글맵을 통해 목적지를 입력하고 예상 거리, 시간을 확인하고 이동할 것을 권한다. 남아공은 넓은 나라다. 자칫 잘못했다가는 큰 어려움에 처말 수 있기 때문이다.

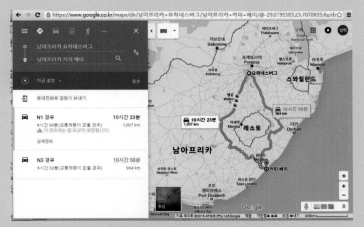

남아공에서 장거리 여행을 하기 전에는 꼭 구글 맵스를 통해 이동 시간과 거리를 확인하자.
(출처: 구글 맵스 검색)

PART 7

황금색으로 빛나는 거대한 암석지대,
골든게이트 하이랜드 국립공원

1875년 반 리넨(Van Reenen)과 그의 아내는 농지를 개간하는 과정에서 거대한 사암들이 군락을 이룬 장소를 발견한다. 그곳의 바위들은 해가 질 때 햇살이 반사되며 황금색으로 빛났고, 그 광경을 목격한 사람들은 이 장소를 '골든게이트(Golden Gate)'라고 이름 지었다.

시간이 흘러 그 지역은 골든게이트 국립공원으로 지정되어 많은 관광객들에게 황금과 같은 휴식을 제공하고 있다. 그리고 국립공원 주변에 위치한 클래런스(Clarens)는 남아공을 대표하는 예술촌으로 남아공 속의 작은 유럽을 느끼게 한다.

아름다운 자연과 예술이 어우러진 골든게이트 국립공원으로 여행을 떠나 보자.

크리스마스는
해리스미스에서

크리스마스 시즌을 맞아 친한 동생과 골든게이트로 여행을 떠났다. 크리스마스 성수기여서 숙소 예약이 쉽지 않았다. 그래서 여행 일정 중 2일은 공원에서 차로 한 시간 정도 떨어져 있는 해리스미스(Harrysmith, 이 지역을 다스리던 영국 관리 이름에서 유래했다. 동쪽으로 90㎞를 가면 그의 부인을 기리는 도시 레이디스미스(Ladysmith)가 있다)에 방을 잡고, 나머지 하루는 국립공원 내 숙소를 예약했다.

렌터카도 수동식밖에 없어서 평소 장거리 여행 때는 집에 두었던 나의 붕붕이(BMW320i)를 몰고 길을 나섰다. 이때까지만 해도 해리스미스의 숙소 예약, 붕붕이를 몰고 간 일이 특별한 사건을 일으킬 줄 그 누가 알았겠는가.

숙소가 위치한 해리스미스에 도착해 체크인했다. 그리고 바로 차를 몰아 골든게이트 국립공원으로 향했다. 한시라도 빨리 황금색으로 빛나는 장관을 보고 싶었기 때문이다.

한 시간 정도 후 공원 입구를 통과하여 공원 안으로 들어갈 수 있었다. 가장 먼저 눈에 띈 것은 델레라이트 다이크(Dolerite Dyke)라는 돌산이었다. 델레라이트 다이크는 아주 먼 옛날 대량의 마그마가 지하에 굳어 엄청난 크기의 돌덩어리가 형성되고 이후 침식 및 융기 작용을 통해 지상에 드러난 것이라고 한다.

거대한 돌덩어리 델레라이트 다이크

델레라이트 다이크를 지나 공원 안쪽으로 진입했다. 삼십 분가량 들어가자 거대한 머시룸 록(Mushroom Rock)이 모습을 드러냈다. 커다란 크기와 울긋불긋한 색깔이 인상적이었다. 거기에 해 질 녘 불그스름한 햇살이 더해지니 신비로운 기운이 감돌았다.

장난 삼아 붕붕이를 모델로 사진을 찍기도 하고 죄수처럼 설정샷을 찍기도 하며 시간을 즐거운 시간을 보냈다.

거대한 암석 버섯 머시룸 록

다시 차에 올라 공원의 끝자락으로 향했다. 그곳에는 골든게이트 국립공원의 얼굴이라 할 수 있는 브랜드바흐(Brandwag)가 병풍처럼 버티고 서 있었다. 해가 지기 전까지 시간이 많지 않아 내일을 기약하고 숙소로 돌아와 잠자리에 들었다.

아름다운 미술 마을
클래런스

골든게이트 여행 2일째, 아침 일찍 일어나 골든게이트 국립공원으로 향했다. 해가 뜬 직후의 사암 지대의 모습이 궁금했기 때문이다. 이후 미술 마을 클래런스(Clarens)에 가서 미술품을 구입할 예정이었다. 여정을 시작하기 전 게스트 하우스의 개들이 방문 앞에서 인사를 했다. 전날 밤 숙소에서 빌통(Biltong, 남아공 육포)을 던져줬더니 그 맛을 잊지 못하고 찾은 것이다. 자식들 맛있는 건 알아 가지고….

빌통(남아공 육포)을 갈망하는 개들의 눈빛

마을 입구 주유소에서 기름을 채우고 차를 몰아 공원으로 진입했다. 앞서 이야기 한 바와 같이 해리스미스에서 출발하면 골든게이트 국립공원에 이르게 되고 공원을 관통하면 클래런스가 나온다.

빠른 출발 덕에 아침 햇살에 빛나는 골든게이트 국립공원의 기암절벽을 감상할 수 있었다. 붉은빛으로 물든 저녁 모습과 달리 뚜렷한 색을 발산하는 아침 풍경도 인상적이었다.

여정 중 재미있는 광경도 덤으로 목격했다. 바로 이정표 위에 커다란 개코원숭이가 망중한을 즐기고 있었다. 먼 산을 응시하고 깊은 생각에 빠져 있는 모습은 흡사 인간이 명상하는 모습과 닮아 있었다.

다시 차를 몰아 공원을 통과하여 클래런스로 향했다. 가는 길에 독수리 형상을 닮은 기암이 있어 차를 세우고 사진을 찍었다. 마침 그곳에 클래런스까지 20㎞가 남았음을 알리는 표지판이 있어 기대감을 한껏 높였다.

클래런스는 평화롭고 아름다운 마을이었다. 마을 곳곳에 아기자기한 장식물이 설치되어 있고 갤러리와 공예품점은 다양한 콘셉트로 보는 이들의 시선을 사로잡았다. 갤러리에 들러 미술 작품을 관람했다. 갤러리와 갤러리 사이에는 골동품점, 식당, 옷가게 등이 자리 잡고 있어 흥미를 더했다. 마을을 한 바퀴 돌자 내 손에는 미술작품, 피규어, 체리(클래런스는 체리 생산지로 유명하다) 등이 쥐어져 있었다. 가격 또한 저렴해서 부담이 없었다.

숙소로 돌아오기 전 클래런스의 유명한 주요 관광 상품(공룡 화석 탐사와

급류 타기) 중 급류 타기를 2일 후 일정으로 예약했다. 쇼핑과 관광 예약까지 마치고 나니 하늘을 날아갈 듯 기분이 좋았다. 바로 그때 행복한 여정에 조금씩 어두운 그림자가 드리워지고 있음을 누가 알았을까?

클래런스의 공룡 화석 탐방 투어
포스터

해리스미스 마을 주민들에게
은혜를 입다

숙소로 돌아오는 길에 사건이 터지고 말았다.

사건의 발단은 이렇다. 조벽에 있을 때 냉각수 경고등이 켜져 물로 응급조치를 했었다. 이후 이를 잊고 지내다 붕붕이를 몰고 여행을 왔는데, 이날 다시 냉각수 경고등이 켜진 것이다. 한술 더 떠서 고속도로에 진입하자마자 경고등이 떴는데 GPS로 확인해 보니 앞으로 2시간 거리 안에 주유소가 없다는 거다. 응급용으로 쓸 수 있는 물도 없고 여차하면 차량이 퍼져서 고속도로에 고립될 수 있는 상황이었다.

그럼에도 불구하고 난 운이 좋았다. 두 시간을 달려 해리스미스의 주유소에 가까스로 도착할 수 있었다. 라디에이터를 확인하자 폭발 직전이었다. 라디에이터가 식기를 기다리는 데 오랜 시간이 흘러도 열기가 빠지지 않았다. 그래서 주유소 직원의 제안에 따라 라디에이터에 달린 나사 게이지를 열어 열기를 빼내고 냉각수를 채워 넣었다.

라디에이터 온도가 내려가는 걸 확인하고 차를 몰아 숙소로 출발했다. 냉각수 없이 두 시간여를 달려온 붕붕이를 칭찬하며 주유소를 나가는 찰라 '펑' 소리와 함께 냉각수가 차량 앞유리로 분출했다. 놀라서 보닛을 열고 확인해 보니 나사

← 냉각수가
붕출 중인
붕붕이

게이지가 폭발해서 분리되어 있었다.

차에 문제가 생기자 해리스미스 동네 사람들이 하나둘 몰려들기 시작했다. 이때 전직 엔지니어라는 샘(Sam)이 말하기를 "나사 게이지를 느슨하게 잠가서 터진 거예요."라고 말했다. 그리고 자신의 집에 대체 부품이 있으니 걱정하지 말라고 했다. 그러나 집으로 향한 그는 이후 모습을 감추었다.

자동차에 대해 조금이라도 지식이 있는 사람들은 붕붕이로 다가와 '훈수'를 뒀다. 처음에는 그들의 관심이 불편하고 겁이 났지만, 진심으로 해결 방법을 찾아주려는 그들의 모습에 감사함을 느꼈다.

마침 일요일이어서 어렵게 연락이 닿은 엔지니어도 모습을 보이지 않는 상황이었다. 4시간을 기다린 후에 구세주가 나타났다.

그는 바로 주유소 식당에서 주차 요원으로 일하고 있는 이안(Ian)이라는 아저씨였다. 이안은 순간접착제로 분리된 나사를 붙이고 그 위에 껌을 덮어 응급조치를 했다. 이안의 응급조치는 효과 만점이었다. 붕붕이가 별 탈 없이 움직이기 시작한 것이다.

Iam

이럴 땐 순간접착제가 최고야!

숙소에 돌아와 라면으로 허기를 달래고 긴 하루를 마무리했다. TV에서 크리스마스 특집 안드레 류(Andre Rieu)의 공연이 상영되고 있었다. 그때 마침 흘러온 캐럴을 들으며 오늘 하루 붕붕이의 수리를 위해 노력해 준 동네 사람들에게 행운이 함께하기를 기원했다.

Bye Bye

~ 힘든 하루였다.

트래킹을 통해
자연이라는 작가의 걸작을 만끽하다

아침에 일어나 붕붕이를 조심스럽게 몰아 골든게이트 국립공원 안에
위치한 숙소인 글렌 리넨 레스트 캠프(Glen Reenen Rest Camp)로 이동했다.

이곳의 가장 큰 장점은 트래킹 코스에 인접
해 있어 마음만 먹으면 바로 트래킹을 즐길
수 있다는 점이다. 점심 이후 트래킹을 시
작하기로 하고 동생과 점심을 먹기 위해 클
래런스로 향했다.

클래런스에 도착해서 갤러리를 둘러보았다. 마침 시선을 사로잡는
작품을 발견했다. 골든게이트 국립공원의 랜드마크인 브랜드바흐를 그
린 풍경화였다.

필자의 집에 전시된 골든게이트의 랜드마크 브랜드 바흐를 그린 그림

한참 동안 그림을 감상하다가 구입하기로 결정했다. 가격은 R8,500(약 85만 원)으로 내 평생 구입한 미술 작품 중 최고가였다. 함께 그림을 감상하던 동생은 미술품을 구입하는 건 처음 본다며 신기해했다. 이때 구입한 그림은 지금 나의 집에 전시되어 골든게이트를 여행했던 추억을 상기시켜주고 있다.

미술 작품 구입 후 마을을 세심히 둘러보니 어제 그냥 지나쳤던 골동품 차량, 풍차 등, 사진 찍기 좋은 배경을 찾을 수가 있었다. 동생과 함께 사진을 찍고 나니 배가 고팠다.

캔버스 모양의 포토존이 있어 영화 '링' 버전으로 사진을 촬영했다. 왁스를 안 챙겨 다소곳한 머리는 덤.

그래서 어제 마을에서 점찍어 두었던 수제 맥주집(Clarens Brewery)에 갔다.

주문에 앞서 서빙하는 친구가 맥주를 맛있게 마시는 법을 가르쳐 주었다. 그의 말에 따르면 사람마다 맥주에 대한 취향이 달라서 6가지 주요 맥주를 맛볼 수 있는 테이스터(6개의 맥주를 맛볼 수 있다)를 하고 입맛에 맞는 맥주를 주문하라는 것이었다.

그의 말에 따라 테이스터를 하고 취향에 따라 맥주를 주문했다. 클

래런스의 맑은 물로 만들어진 맥주
는 독특한 풍미를 가득 머금고 있었
다. 더불어 안주와 식사를 겸한 소
시지 세트 역시 최고의 맛을 자랑했
다. 우리는 입맛에 맞는 맥주를 종
류별로 주문해 소시지 세트가 바닥
을 드러낼 때까지 여러 잔을 연거푸
마셨다.

왼쪽부터 블롱드(Blonde), 잉글리시 에일(English Ale), 레드
(Red), 스타우트(Stout), 바이스(Weiss), IPA

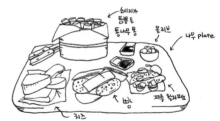

숙소로 돌아와 동생과 함께 트래킹
을 시작하려 했으나 동생의 '음주 체
력 방전'으로 인해 홀로 트래킹을 시
작했다.

숙소 주변 트래킹 코스의 입구에 접
어들자 이정표가 눈에 띄었다. 오후 2
시가 가까운 시간인지라 이정표를 보

에코 라빈으로 향하는 길의 풍경. 다채로운 색상이 눈길을 끈다.

거대한 뱀이 통과한듯한 자연이 만든 터널 에코 라빈

고 장소를 선별했다. 장소 선별 기준은 이름이 주는 느낌이 신비롭고, 예쁜 곳이었다. 그래서 첫 번째 목적지로 에코 라빈(Echo Ravine)을 택했다. 메아리가 울려 퍼지는 아름다운 풍경이 연상되었기 때문이다.

에코 라빈으로 향하는 길은 형형색색 펼쳐진 기암괴석들이 다채로운 색감을 뿜내고 있었다. 마치 신이 내려와 바위를 캔버스 삼아 유화를 그려 놓은 듯했다.

30여 분을 걸어 에코 라빈에 도착했다. 그곳에 발을 내딛는 순간, 난 그대로 얼어버렸다. 거대한 뱀이 산을 관통한 듯 만들어진 자연 터널은 보는 것만으로도 '압권'이었다. 에코 라빈에 홀로 서 있는 동안 만감이 교차한다는 말이 어떤 의미인지 100% 이해가 됐다. 압도감, 공포, 충격, 신기함, 감동 등 마치 지구가 아닌 다른 별 어딘가에 서 있는 것 같은 생각이 들었다.

　다음 목적지인 브랜드바흐 정상으로 출발하기 전, 자고 있는 동생에게 전화를 걸어 트래킹에 합류하라고 당부했다. 에코 라빈에서 받은 감동을 동생도 함께했으면 하는 바람이 컸기 때문이다. 동생과 약속 장소에서 만나 우리는 브랜드바흐를 향해 출발했다. 다행히 트래킹 코스가 험하지 않아 순조롭게 목적지를 향해 나아갔다. 한참 산길을 오르고 있는데 또 한 번 멋진 풍경이 눈앞에 펼쳐졌다.

　자연적으로 형성된 처마 모양의 암석지대인데 마치 에코 라빈을 뚫은 거대한 뱀이 이 장소에 이르러 산을 휘감고 지나간 것 같은 모습이었다. 대자연의 아름다움 앞에 우린 그저 감탄하고 사진을 찍을 뿐이었다.

　한 시간 반가량 산길을 올라 목적지인 브랜드바흐 정상에 다다를 수 있었다. 예전부터 정상에 꼭 한번 올라보겠노라고 다짐했었던 장소인

지라 감동은 배가 되었다.

　이때 나 자신에게 작은 다짐을 했다. '인생을 살며 꿈을 꾼 건 꼭 실행하자!' 시간이 흘러 임종을 앞두었을 때 '아, 그때 그걸 했었어야 하는데…'라는 후회를 하지 않도록 살아가자!

　브랜드바흐 정상에서 동생과 '야호' 삼창을 하고 천천히 하산下山, 아니 하암下巖했다. 숙소에 돌아와 조벅에서 공수한 한국 라면에 매운 고추를 송송 썰어 넣어 먹었다. 거기에 클래런스 맥주집에서 구입한 수제 맥주를 함께 곁들이니 성대한 만찬이 부럽지 않았다.

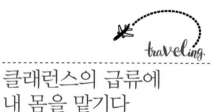

클래런스의 급류에
내 몸을 맡기다

　골든게이트 국립공원에서의 여정을 정리하고 조벅으로 돌아가는 날
이다. 집으로 돌아가기 전 어제 예약했던 급류타기를 즐기러 애시강
(Ash River)으로 향했다.

　클래런스의 급류 타기는 반나절 투어, 1일 투어, 3일 투어, 5일 투어
등 다양한 상품이 준비되어 있다. 우리는 조벅으로 복귀해야 했기에
반나절 투어를 예약했다.

　급류 타기를 시작하기 전, 가이드는 애시강이 남아공에서 유량 변화
가 심하지 않고 풍족하여 1년 내내 급류타기를 즐길 수 있는 유일한 장
소라고 설명해 주었다.

　급류 타기 초반에는 유량이 풍족하다는 말이 어떤 의미인지 이해가
되지 않았다. 강원도에서 즐겼던 것과 별반 차이를 느끼지 못했기 때

문이다. 그러다가 강 안쪽으로 진입하면서 유량의 풍부함을 실감할 수 있었다.

거대한 암석 사이를 뚫고 흐르는 거센 강물을 타고 있으려니 마치 롤러코스터를 타고 있는 것 같았다. 그러다 유속이 잦아드는 지역을 지날 때에는 주변의 아름다운 풍경에 감탄을 금할 수 없었다.

이러기를 수차례 반복하다 보니 우리는 어느새 여정의 끝자락에 이르렀다. 반나절이 마치 순간처럼 스쳐 지나간 듯했다.

황금으로 빛나는 아름다운 전경과 감성을 자극하는 미술작품으로 날 유혹했던 골든게이트와 클래런스 여정. 행복한 여정은 애시강의 급류처럼 빠르게 흘러갔지만, 이번 여행을 통해 얻은 감동과 여운은 내 가슴 속에 고스란히 남아 있다.

해가 저무는 저녁, 황금색으로 변하는 브랜드바흐를 다시 볼 날을 기약하며 글을 갈무리한다.

Tip

남아공에서 여행할 때는 물을 충분히 준비하자. 물은 비상 상황에서 여러 용도로 활용이 가능하기 때문이다. 드넓은 지역을 여행해야 하는 상황에서 차량에 문제가 생겼을 때 냉각수 대용으로 사용할 수 있고, 만에 하나 조난 상황에서도 식수로 활용할 수 있기 때문이다. 필자의 경우 '냉각수 사건' 이후 4L 생수통을 2개씩 꼭 상비하고 다녔다.

남아공을 렌터카로 여행할 경우 비상시를 대비해 물 4L 이상은 꼭 상비하자!

PART 8

제2의
고향과 같은
더반

더반(Durban)은 요하네스버그, 케이프타운에 이은 남아공의 3
대 도시다. 남아공의 주요 무역항이 위치한 더반은 남아공 경제
에서 중요한 역할을 담당한다.

남아공 정부에게도 중요한 도시이겠지만 내게 있어 더반은 더욱
특별한 의미를 지닌 곳이다. 왜냐하면 평창동계올림픽 유치 프로
젝트의 일원이던 나에게 '2018 평창동계올림픽 유치'가 결정된
곳이기 때문이다.

그래서일까? 나는 더반에 더 많은 애착을 가지고 남아공 체류 기
간 동안 이곳을 네 번이나 찾았다. 찾을 때마다 기대를 안고 갔던
'특별한 인연의 도시' 더반. 그곳에서 경험했던 다양한 여행 이야
기를 하나씩 풀어보도록 하자.

탑기어 페스티벌의 도시
더반

더반에서는 매년 6월 영국 BBC의 유명 프로그램인 '탑기어(Top Gear)'
를 바탕으로 만들어진 '탑기어 페스티벌(Top Gear Festival)'이 개최된다. 마
침 남아공에 머무는 동안 이벤트 기간이 겹쳐 더반을 찾았다.

탑기어 현장은 메인 쇼, F1 차량 시범
운행, 자동차 묘기 쇼, 오토바이 스턴
트 공연, 세계 명차 전시 등 다양한 프
로그램으로 진행되었다. 자동차 전시장
에서 페라리, 벤틀리, 람보르기니, 벤츠,
BMW, 아우디 등 세계의 명차들의 멋진
자태를 감상하고 이벤트에도 참석하여
즐거운 시간을 가졌다.

자동차 운전 퍼포먼스에
서는 차의 회전력을 이용해
들고 있는 컵을 차로 쳐내
는 고난도의 공연을 선보였
고, 오토바이 스턴트 공연에
서는 수십 미터를 날아 공

중에서 다양한 묘기를 선보였다. 더반의 도로를 활용한 트랙에서는 F1
차량들이 굉음을 내며 달리고 있었다.

공중에서 각양각색의 묘기를 선보이는 라이더들

이벤트 현장에서 저녁 식사를 하고 오후 7시 30분 메인이벤트를 보기 위해 더반 스타디움으로 향했다. 그런데 어처구니없게도 티켓을 분실한 것이다.

식사비를 계산하기 위해 지갑을 꺼내다 떨어뜨린 게 분명했다. 다행히 사정을 이야기하고 티켓을 재발급받아 메인이벤트에 입장할 수 있었다.

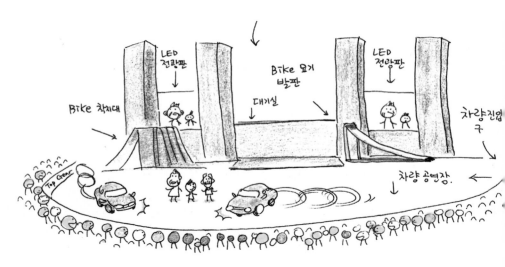

탑기어의 진행자 3인은 무대를 차량으로 개조한 무대 자동차(?)를 타고 나타나 재치 있는 입담을 과시했다. 토크쇼 형태의 쇼

뚱뚱이 MC 제레미 클락슨
비꼬기 대장 제임스 메이
중재자 역할의 리차드 해먼드

중간에는 차량을 이용한 다양한 프로그램이 관중들을 열광의 도가니로 몰아넣었다.

'고속 회전 주차 묘기', '세계 명차의 성능 뽐내기', '바이크 점프 쇼', 'F1 차량 성능 시연', '차량 번지 점프' 등 차량으로 불가능해 보이는 다양한 이벤트를 선보였다.

세계의 명차를 한자리에서 볼 수 있는 탑기어 메인이벤트 행사장

더반을 6월경에 방문하게 된다면 세계적인 자동차 축제인 '탑기어 페스티벌'을 경험해 보기를 추천한다.

월척을 넘어
상어까지 낚아 버리다

더반 여행에서 잊을 수 없는 현지 체험은 요트 낚시였다(요트 대여비는 8인 기준 약 40만 원).

← 낚시대

인터넷을 통해 참치, 돛새치 등 거대한 크기의 물고기가 낚이는 것을 확인했기에 우리 일행의 기대감과 자신감은 하늘을 뚫을 기세였다.

요트 낚시는 물고기가 한창 활동을 할 새벽 시간에 시작해야 하기 때문에 새벽 5시 40분에 호텔에서 항구로 나가 6시쯤 바다를 향해 나아갔다.

출발은 마냥 순조로웠다. 대어를 낚기 위한 미끼 생선 낚기는 말 그대로 물 반, 고기 반인 상황에서 물고기를 거둬들이는 것 같았다.

낚시를 시작하고 오래지 않아 일행들은 커다란 월척을 낚기 시작했다. 마치 물고기들이 우리를 기다리고 있다가 낚싯바늘이 보이면 무는 것 같았다.

Wow!

　심지어 나는 상어까지 낚았는데 선장의 만류로 바다에 놓아주었다. 상어는 갑판에 올렸을 때 심하게 몸부림을 쳐서 부상의 위험이 있고, 또 고기 맛이 없어 포획은 자제한다고 한다.

더반 바다에서 낚아 올린 월척 물고기들

　좀 더 큰 대형 물고기를 잡기 위해 바다로 나아갈수록 파도가 심해졌다. 일행 중 일부가 뱃멀미를 했다. 시간이 흐를수록 뱃멀미를 하는 사람들이 늘어났고 급기야 나와 다른 한 명을 제외하고는 다들 힘들어했다.

　어쩔 수 없이 낚시 일정을 단축하고 항구로 돌아왔다. 이날 잡은 물고기는 더반 비치 근처에 있는 '다루마'라는 일식집에서 회와 매운탕으로 변신(?)하여 일행을 흥분의 도가니로 몰아넣었다.

빠져 봅시다!

흥분의 도가니

더반 비치에서
모래 조각가로 데뷔하다

　더반을 찾을 때마다 들렀던 곳이 더반 비치다. 수영하기 좋은 해변과 많은 수의 호텔이 위치하고 있기 때문이기도 했지만, 해변에 전시된 모래 조각을 감상하기 위해서도 꼭 들렀었다.

　모래 조각가들은 남아공의 동물들, 넬슨 만델라, 용 등 각각의 주제로 모래 조각을 만들었다. 그리고 그 조각을 배경으로 사진을 찍는 사람들에게 어느 정도(R2~5, 약 200원~500원)의 팁을 받는다.

더반을 두 번째 찾았던 어느 날, 모래 조각가들이 작업 중인 걸 보고 특유의 '장난기'가 발동했다. 그래서 작가에게 말을 걸었다. "모래 조각을 만들고 싶은데 R300(약 3만 원)을 주면 만드는 걸 도와줄 수 있나요?"

솔직히 별 기대 없이 건넨 이야기였는데 모래 조각가는 흔쾌히 그렇게 하자고 했다. 그래서 일정에도 없던 모래 조각 만들기에 도전하게 되었다.

가장 먼저 어떤 모양으로 모래 조각을 만들고 싶은지 밑그림을 그려 설명했다. 그리고 아래 그림과 같이 모래 조각 만들기를 진행했다.

장장 5시간에 걸친 협동 작업 끝에 모래 조각을 만들 수가 있었다. 더반 비치를 찾은 다양한 인종의 사람들이 우리가 만든 모래 조각을 배경으로 사진을 찍는 모습에 괜히 뿌듯한 마음이 들었다.

모래 조각 만들기를 마치고 주변에 있는 미니랜드(Mini Land)에 갔다.

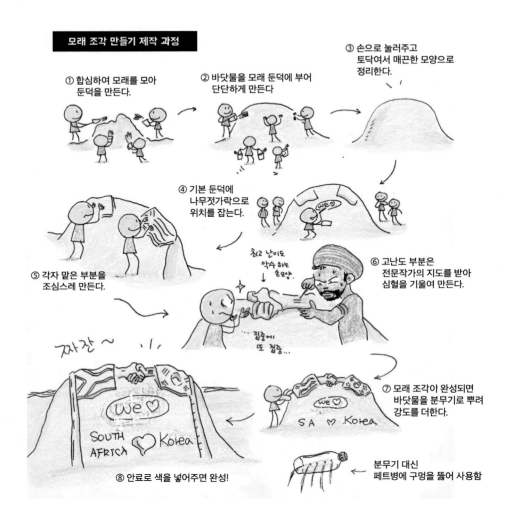

모래 조각 만들기 제작 과정

① 합심하여 모래를 모아 둔덕을 만든다.

② 바닷물을 모래 둔덕에 부어 단단하게 만든다

③ 손으로 눌러주고 토닥여서 매끈한 모양으로 정리한다.

④ 기본 둔덕에 나무젓가락으로 위치를 잡는다.

⑤ 각자 맡은 부분을 조심스레 만든다.

최고 난이도 악수 하는 손모양 →

⑥ 고난도 부분은 전문작가의 지도를 받아 심혈을 기울여 만든다.

...집중에 또 집중...

짜잔~

we ♡
SOUTH AFRICA ♡ Korea

we ♡
S A ♡ Korea

⑦ 모래 조각이 완성되면 바닷물을 분무기로 뿌려 강도를 더한다.

⑧ 안료로 색을 넣어주면 완성!

분무기 대신 페트병에 구멍을 뚫어 사용함

더반 비치 근처에 위치한 미니랜드는 더반의 주요 철도, 항만, 공항 등을 1:24 비율로 축소해 놓은 미니 도시다. 인터넷 여행 사이트에서 관광 명소 중 하나라고 해서 기대를 품고 입장했다(대인 R15, 약 1,500원).

그런데 전시물의 수준은 기대 이하였다. 기대가 크면 실망도 큰 법. 그래도 나름 걸리버인 척 사진도 찍고 즐거운 시간을 보냈다.

줄루족 민속촌에서
한숨을 쉰 이유

줄루족 전사들이 전통춤을 추고 있다.

숙소에서 약 40분 정도 거리에 위치한 페줄루 사파리 파크(Phezulu Sa-
fari Park)를 찾아가기로 마음먹었다. 페줄루 사파리 파크는 그 이름에서
유추할 수 있듯이 남아공의 최대 부족인 줄루족의 삶을 재현해 놓은
민속촌이다. 그리고 그 안에 파충류 사파리가 있다.

페줄루 사파리 파크는 입구부터 줄루족 전사를 형상화한 조각, 줄루족 이미지를 적용한 화장실 등이 눈길을 끌었다.

남아공에 머무는 동안 느낀 건 이들의 디자인, 미술을 보면 색감을 과감하게 사용하고 파격적인 디자인을 거침없이 적용한다는 것이다.

페줄루 사파리 파크 안쪽으로 들어서자 줄루족 전통춤 공연이 시작을 앞두고 있었다. 공연장에는 외국인 관광객들과 소풍을 온 초등학교 학생들이 자리를 채우고 있었다.

공연 시작을 알리는 북이 울리자 공연이 시작되었다. 그런데 초등학생들이 공연장을 가로질러 공연이 중단되었다. 그게 끝이 아니었다. 2~3명의 초등학생들이 총 6번에 걸쳐 공연장을 가로질러 줄루족의 전통춤 공연이 시작되는 것을 방해했다.

공연자들도 관광객들도 맥이 빠지는 순간이었다. 더욱 안타까운 사실은 공연 내내 학생들이 보여준 관람 태도였다. 흑인 고유의 전통 공연을 보며 야유를 보내고 비웃는 학생들의 모습은 자신들 문화를 가볍게 여기는 것처럼 보여 마음이 편치 않았다.

물론 초등학교 학생들의 철없는 행동으로 치부할 수 있겠지만 '역사의식' 없이 자기 문화의 독창성을 폄하하는 행동이 좋아 보이지 않았다.

공연 중에는 또 하나의 해프닝이 있었다. 출연진들이 공연 중 잠깐 대기하는 의자에 '무개념 관광객'이 다가가 자리를 잡은 것이다.

공연 스태프들이 자리를 옮기라고 신호를 줬지만, 무개념 아주머니는 공연 끝까지 그 자리에서 움직이지 않았다.

암튼 우여곡절 끝에 전통춤 공연을 마치고 줄루족의 전통 가옥에 들러 그들의 전통문화에 대한 짧은 강의를 들었다.

줄루족 민속촌 방문 이후, 파충류 사파리를 찾았다.

사파리 입구를 통과하자 가자 먼저 눈에 띈 것은 초대형 악어 박제였다. 이 악어 박제는 수년 전 숨을 거둔 악어로 사파리 역사상 가장 큰 녀석이었다고 했다.

악어 박제를 시작으로 생후 7~15년까지의 다양한 악어들을 관찰했다. 가이드 말에 의하면 투어 중에는 악어 우리에 들어가 식사를 하는 프로그램도 있다고 했다. 과연 관광객 중에 '악어와 함께 식사를 할 사람이 있을까?'라는 의구심이 들었다.

악어 투어를 마치고 이번에는 뱀 사육장 쪽으로 자리를 옮겼다. 코브라부터 살모사 등 독사들을 보고 나서 난생처음 해보는 특이한 경험을 하게 되었다.

그것은 바로 아나콘다를 목도리처럼 목에 둘러본 것이다. 지금까지 살면서 그렇게 큰 뱀을 본 것도 처음이었지만 그 큰 녀석을 목에 감게 되다니….

남아공 여정 중 또 한 번의 특별한 경험이 공연장의 어수선함으로 불편했던 마음을 위로해 주는 듯했다.

더반의 역사를 살펴본
시내 박물관 투어

미술관과 박물관을 함께 감상할 수 있는 더반 시청

박물관 관람을 위해 시청 주변에 차를 주차했다. 그리고 박물관 입구를 찾기 시작했는데 도저히 찾을 수가 없었다.

건물 주변을 배회하다가 문득 시청 측면에 위치한 출입구 하나가 눈에 들어왔다. 도서관(Library)이라고 쓰여 있어서 신경을 쓰지 않았는데, 알고 보니 그곳이 바로 미술관과 자연사 박물관으로 통하는 유일한 통로였다.

그래도 길을 헤매는 동안 표지판을 통해 재미있는 발견을 하게 되었다. 그것은 바로 더반이 나의 고향 대전의 자매도시(Sister City)라는 거였다.

평창동계올림픽 유치가 확정된 장소, 내 고향의 자매도시. 왠지 더반이라는 도시가 더 친숙하게 느껴졌다.

더반 시청에는 자연사 박물관과 미술관이 함께 자리 잡고 있어서 시간을 효율적으로 활용할 수 있었다. 마치 동시 상영관에 와있는 것 같은 기분이었다.

자연사 박물관에는 다양한 동물 박제가 전시되어 있었다. 그중에서도 내 시선을 고정시킨 전시물은 단연 티라노사우루스 재현 전시물이

었다. 전시관 중간에 마치 박물관에 침입한 듯 재현한 전시물은 살아있는 듯 박진감이 넘쳤다.

또 하나 인상적인 전시물은 모형 나무 위에 살아있는 듯 전시된 표범 박제였다. 그동안 쇼케이스 안에 전시물을 보다가 실제 현장을 재현한 듯 연출한 전시물을 보니 임팩트가 남달랐다. 자연사 박물관의 관람을 마치고 미술관으로 향했다.

미술관은 너른 공간에 작품이 전시되어 있어 편안하게 감상할 수 있었다. 그중에서 나의 발길을 머물게 한 작품이 있었으니 바로 노만 캐서린(Norman Catherine)의 작품이었다. 남아공에 와서 그의 미술 작품에 흠뻑 취해 있던 상황이라 그저 작품을 보는 것만으로도 오랜 친구를 만난 것 같은 기분이 들었다.

인종차별, 빈부격차 등 무거운 주제를 특유의 유머와 표현기법을 통해 미술작품으로 승화시키는 그의 작품은 나중에 돈을 벌면 꼭 소장하고 싶은 컬렉션이다.

더반 미술관 관람을 마치고 남아공의 아픈 역사를 고스란히 전시하고 있는 콰 물 박물관(Kwa Muhle

Museum)으로 향했다. 이 박물관은 아파르트헤이트 정권 시절 흑인들 사이의 계층을 두고 반목을 유발했던 자료와 옛 더반의 역사적 사료들이 전시되어 있었다.

전시물 중에는 추장 출신 흑인들에게 맥주를 배급하던 내용이 소개되어 있었다. 백인 정부는 흑인을 효과적으로 관리하기 위해 흑인들 중 일부(추장과 같은 기득 세력)에게 맥주를 마실 수 있는 권리를 주었다. 한마디로 흑인 내부에서도 차별적 특권을 제공하여 흑인들 사이의 분열을 조장했던 것이다.

이 전시물을 보고 있자니 일제 치하에서 친일파들이 자신들의 권력과 재산을 위해 동족을 핍박했던 사실이 떠올라 착잡한 심정이 되었다.

박물관 안쪽에 위치한 정원에는 과거의 그늘(Shadow of the Past)이라는 조각 작품이 전시되어 있었다. 법정에서 대기 중인 세 명의 흑인을 묘사한 작품으로 아파르트헤이트 정권하에서 옥살이를 한 정치범들을 떠올리게 했다.

우리의 80년대 민주화 운동과 닮은 남아공의 90년대 모습. 그래서 이들의 역사적 현장에 가면 남의 일이 아닌 듯 마음이 아프고 공감을 하게 된다.

우리도 그리고 남아공 국민들도 다시는 아픈 역사의 상처를 입지 않기를 바라며 더반의 박물관 투어를 마쳤다.

더반의 항구
역사를 배우다

아침 일찍 일어나 해변을 거닐었다. 눈부신 아침 햇살이 청명한 하늘에서 쉴 새 없이 쏟아지는 날이었다. 해변에서 조개껍데기를 주워 숙소로 돌아와 그 위에 그림을 그렸다. 그리고 그 조개껍데기를 더반 해변에 다시 가져다 놓았다.

누군가 그림이 그려진 조개껍데기를 발견하고 기분이 좋아지기를 바라며….

작은 장난을 마무리하고 차를 몰아 첫 목적지로 향했다. 그곳은 바로 포트 나탈 해양 박물관(Port Natal Maritime Museum)이었다.

이번에도 입구를 찾지 못해 한참을 헤맸다. 역시 남아공의 표지판은 믿을 수 없음을 새삼 느꼈다.

어렵게 입구를 찾아 입장료를 내고 R5(약 500원) 들어갔다. 들어서자마자 흑인 직원이 시큰둥한 표정으로 동선을 안내해 주었다.

이 간판 근처에
← 지하로가
있다.

전시관은 더반의 해양 역사를 한눈에 조망할 수 있는 건물식 역사관 1동과 은퇴 선박 3척을 개조한 전시관 이렇게 총 4개 섹션으로 구성되어 있었다.

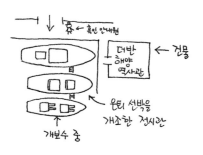

군함을 개조한 맨 끝의 전시관은 개보
수가 진행 중이어서 관람을 하지 못했다.
해양 역사관에는 더반 항의 개항 초기
유물을 전시하고 그 의미를 설명해 주고
있었다.

항구의 방어용으
로 쓰인 대포류, 항해
기구 등 그중에서 눈길을 끈 전시물은 장난감 크기
의 대포와 배의 선두를 장식했던 '형제상'이었다.

1800년대 초반, 배의 앞머리를 장식했던 조각품을 보고 있노라니 더반이 해상 무역항으로 상당히 번창했을 당시의 모습이 상상이 되었다.

해양 박물관 관람을 마치고 더반의 핫플레이스인 움흐랑가(Umhlanga)에 갔다.

점심시간이라 주변 식당에 들러 바스켓(각종 요리를 바구니에 담은 것)을 주문했다. 역시나 예상과 다르지 않게 양이 엄청났다.

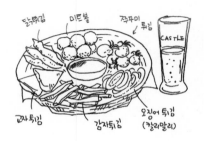

특별한 여정이 없는 오후. 맛있는 음식에 생맥주를 마시며 인도양을 바라보았다. 그저 아무 생각 없이 멍하니 대양을 바라볼 수 있는 여유가 있음에 감사했다.

상어와 함께 식사를,
우샤카 마린월드

더반에서의 마지막 여정은 더반의 관광 명소 우샤카 마린월드(Usaka Marine World)였다. 우샤카 마린월드는 2004년 4월 30일 완공된 워터파크로 세계 5위 규모의 수족관을 운영하고 있다.

일행과 함께 찾은 날은 마침 특별 한인 행사가 진행되고 있어 50% 할인된 R250(약 25,000원)에 자유 이용권을 구입할 수 있었다.

우샤카 마린월드 입구에는 15m에 달하는 초대형 상어 메갈로돈의 턱뼈 조형물이 관광객들을 맞이하고 있었다. 차례를 기다려 기념 촬영

우샤카 마린 월드 입구에 있는 메가로돈 턱뼈 조형물

을 마치고 우샤카 마린월드 안으로 입장했다.

　　가장 먼저 들른 곳은 난파선을 콘셉트로 만든 더 렉 아쿠아리움
(The Wreck Aquarium)이었다. 아쿠아리움에는 다양한 해양 생물을 전시하
고 있었다.

　　그중에서도 수십여 마리에 달하는 타이거 상어는 관람객들의 시선을
사로잡았다.

　　상어 수족관을 지나자 재미있게 사진을 연출할 수 있는 미니 수족관
이 눈길을 끌었다. 수족관에 함께 찾은 동생은 이 미니 수족관에서 촬
영을 하고 나오다가 통로에 머리를 찧었다.

　　엄청나게 세게 부딪쳤는데 아픈 기색 없이 순식간에 자리를 떠났다.
나중에 숙소에 와서 들은 이야기인데 눈앞에 별이 보일 지경이었다고
한다. 역시 '창피함'은 고통도 잊게 한다는 걸 새삼 느꼈다.

　　수족관 투어를 마치고 이어서 물개 공연 관람 후, 점심 식사를 위해
식당을 찾았다. 이때 난생처음 본 특이한 식당을 발견하게 되었다. 그

것은 바로 거대한 창(수족관 유리)밖에 상어를 관람하며 식사를 하는 수중 레스토랑이었다.

잠수함의 원리를 본떠서 만든 식당은 카고 홀드(Cargo Hold)였다. 이전에 아도 국립공원에서 코끼리들의 '재롱'을 보며 식사를 했었는데, 이번에는 상어의 '살벌함'을 보며 식사를 하게 되다니⋯.

상어와 함께 식사를 마치고 더반에서의 모든 여정을 정리했다. 나에

게는 좋은 기억만 남긴 더반. 이곳으로의 다섯 번째 방문을 기약하며 글을 갈무리한다.

남아공에서 낚시를 하려면 우체국에 가서 허가증을 발급받아야 한다. 허가증 없이 낚시를 하다 적발되면 벌금을 내야 한다.
남아공에서 낚시를 즐길 계획이라면 먼저 허가증 발급받을 것을 권한다.

당신이 남아공에
꼭 가야만 하는 이유

2탄 예고!

『**당신이 남아공에 꼭 가야만 하는 이유**』는 여기서 끝이 아닙니다.
1권에서 못다 한 더 흥미롭고, 더 풍성한 남아공 이야기가 2권에서 계속됩니다.

세미 마크 하우스 뮤지엄에서 집사 귀신을 만나다.

투구모양 바위에 얽힌 전설

인간이 판 가장 큰 구멍(Hole)에 가다.

77년간 수절한 열녀 헤리 할머니의 슬픈 이야기

수만 마리 새 떼를 눈앞에서 목격하다.

은밀한 마을 모임에 초대되다.

기린의 선조에게는 거대한 뿔이 있었다?